逃げられる人になりなさい

ノートルダム清心中・
高等学校校長
神垣しおり

飛鳥新社

はじめに

強くあろうとするとき、心や体は悲鳴を上げました。
弱いからこそ謙虚になり、周囲の人と助け合えました。

強くならなくてもいい、弱いときにこそ発揮できる力がある。
そう教えてくれたのは、聖書にある次の言葉です。

「わたしの恵みはあなたに十分である。力は弱さの中でこそ十分に発揮されるのだ」

生きていると、自分の力ではどうにもならないことが起こります。
「なぜ神様は、この出来事をお与えになったのだろう」と問いたくなる日も、自分のふがいなさに肩を落とす日もあります。

しかし、どんなときも恵みは与えられていて、私たちはこれまでも、弱いなりに自分の力を十分に出し切って生きてきたのです。


だから、無理に強くなろうとしなくてもいい。

ありのままの弱い自分を認め、時には立ち止まり、身を休めて再び前に進む力が湧いてきたら、また歩き出せばいい。

私たちには逃げる道も備わっている。


この言葉は、そのことを思い出させてくれました。


広島にあるノートルダム清心中・高等学校に奉職して40年。２０１８年から、校長を拝命しています。

ぜんそくの持病もあっておとなしかった子ども時代は、いえ、就任の前年までは、まさか自分が母校の校長を務めるとは思ってもみませんでした。

若い頃から不器用で、迷いや葛藤《かっとう》の多い日々。「弱さの中で、力を発揮できますように」とくり返し祈り、弱さの中の強さとはなにかを、問い続けました。

ここまでどうにか進んで来られたのは、たくさんの言葉のおかげです。聖書や先人の言葉、そして折々に、大切な人たちからかけてもらった言葉が、心を癒《い》やし、ひるむ気持ちを鼓舞《こぶ》して、前に進む力をくれました。また、過去のとらえ方を変え、今を支えてくれました。

さらに時に逃げてもいいと思いながら、歩んできました。

そしていつしか、変えられないことを受け入れ、変えられることだけを無理せず変えていこうと思うようになりました。

この本では、それらの言葉をご紹介しながら、自分や周囲をいつくしみ毎日を少しずつよい方向へ変えていくヒントをお伝えしていきます。

あなたが、人生の喜びも悲しみも、うれしいこともつらいこともすべて、〝できる範囲〟でいいので受け止め、自分の可能性を広げていけますように。

そして自分自身を受け入れ、みずからの心をいたわりつつ、希望とともに、これからの時代をしなやかに生き抜いていけますように。

その支えとなる言葉と、この本の中でひとつでも出会っていただけることを祈っています。

第1章 〝今〟をおおらかに受け入れる

第2章 ひとりだからこそ、つながって生きる

第3章 変えられることを変える勇気をもつ

第4章 品格のある生き方を心に置く

contents

第5章 日々の暮らしをいつくしみ、人生を愛する

第1章

〝今〟をおおらかに受け入れる

弱さの中にこそ、強さがある

私が現在担当している高校3年生の宗教の最終授業で、生徒たちに必ず伝える言葉があります。「はじめに」でご紹介した次の言葉です。

「わたしの恵みはあなたに十分である。力は弱さの中でこそ十分に発揮されるのだ」

これはキリストが、「自分に与えられたとげを抜いてほしい」と願った弟子《でし》パウロへの返答として与えたものです。

このとげとは、具体的になんだったのでしょう。聖書にはなにも記されていません。病気だったのかもしれないし、なんらかの試練が訪れていたのかもしれません。あるいは、自分の醜《みにく》さや弱さ、不本意な状況、受け入れられないことのすべて。それをとげと表現したのかもしれません。

いずれにしても、パウロにとってそのとげがもたらす痛みは切実でした。彼は3回もキリストに懇願《こんがん》しています。しかしその願いは聞き入れられず、キリストは「すでに自分の恵みは十分に与えられている」と答えました。

〝とげ〟を抜いてほしかったパウロは、がっかりしたでしょうか。いいえ、この答えを聞いたパウロは、自分の弱さこそ恵みであったのだと気づきます。

そして、どのような自分も満足して受け入れると心に決め、キリストに「わたしは弱いときにこそ強い」と答えるのです。

キリストがいった「力は弱さの中でこそ発揮される」とは、どういうことでしょう。私はこう考えています。

もともと人間は弱い存在です。その弱さを変えることは、なかなかできません。歳を重ねて経験を積み、気力や体力が落ちてくると、改めて自分の小ささや脆《もろ》さに気づかされます。

しかし**私たち全員に、必ずなんらかの形で力が与えられています**。そして**その力は、強くありたいと願うよりも、弱い自分を受け入れてこそ出せるものなのです**。

たとえば、弱い自分を誰かに助けてもらったときに感謝が湧いてきて、もう一度がんばれるということがあります。

また、人間関係で悩んだり仕事で失敗したりしても、グッと踏みとどまって再チャレンジする強さが湧いてくることがあります。

自分の能力のなさや愚《おろ》かさを認めるからこそ、秘めた力が出せるということがあるのです。

しかし今、私たちはとかく強くあることを求められます。

「自己責任」という言葉もすっかり定着し、人に頼りづらい風潮が生まれました。また、常に成長が求められ、人より抜きん出ることがよしとされます。

ですから「強くありたい」と願う人は多いかもしれません。

でも、**つい否定したくなる自分の弱さや脆さの中に力がある**。自分自身の弱さを受け入れたときに、その人の力が発揮される。弱さが武器になる。そんな視点をもつことも大事なのではないでしょうか。

キリストの言葉のように、恵みは十分に与えられています。そして、誰もが弱さの中でこれまで自分なりに努力し、力を発揮してきました。

その恵みに感謝しながら、ふと歩みを止めて、「弱さの中の力とはなんだろう」と振り返る余裕を大切にして生きていってほしい。

そういった思いを込めて、学び舎《まなや》を旅立つ生徒にこの言葉を贈るのです。

宗教の授業では、さまざまな聖句を学びますが、あとで印象に残っている言葉を聞くと、この言葉を挙げる生徒が多くいます。自分自身と向き合いながら、受験生活を送ってきた心に響くのかもしれません。この言葉が、生徒だけでなく、読者の皆さんの力になることを祈るばかりです。

試練は喜ぶべきもの

わが校の校長室は、校舎の玄関を入ってすぐの場所にあります。いつでも誰でも遠慮なく入ってこられるよう、来客中以外は開けているドアから、朝おずおずと入ってくるのは、遅刻してきた生徒たちです。

遅刻をすると教室に行く前に、まず校長室で生徒手帳に校長印を押してもらわなければなりません。ですから彼女たちは否《いや》が応《おう》でも、登校すると私に挨拶しなければならないわけです。

丘の上にある校舎まで坂道を駆《か》け上がったせいで、息を切らしている子。バツが悪そうに生徒手帳を差し出す子。悩みごとがあるのか、うつむいたままの子。

どの生徒も、彼女たちなりにがんばって登校したのだなと思いながら、「よく来たね」と声をかけます。

「息が上がっとるよ、ちょっと落ち着いて深呼吸してごらん」

「体調は、大丈夫？」

生徒たちの様子をみながら、そうやって一言二言、言葉を交わすのが朝の日課です。

もちろん、遅刻は望ましいことではありません。

しかし、本当は休みたかったのかもしれない、あるいは、学校や家庭で嫌なことがあったのかもしれない。寝坊して「しまった！」と思い、あわてて支度して来たのかもしれない。

それぞれに事情を抱えながら、それでもこうやって目の前に来てくれている。

甘いと思われるかもしれませんが、そんな生徒たちが愛《いと》おしく、とうてい叱る気にはなれません。軽く注意はしても指導は、生徒1人ひとりの状況をよくわかっている学年担当の先生方にお願いします。

どんな子も、保護者や周囲の人々の愛情に育《はぐく》まれ、皆大変なことを乗り越えながら、今ここにいる。そう思うと、ただそこにいてくれることが素晴らしい。そう思えてきます。

入学式や卒業式、体育祭などの行事で生徒たちの姿にすぐ目頭が熱くなるのも、そういった理由です。

聖書に、「神様は私たちが耐えられないような試練に遭《あ》わせることはない」という有名な言葉があります。実は、その前には次の一文があるのです。

あなたがたを襲った試練で、
人間として耐えられないようなものはなかったはずです。

コリントの信徒への手紙一　10章13節

誰もが、昨日までに起きたすべての出来事を乗り越えてきました。もしかすると、そのプロセスや結果には、満足できていない部分もあるかもしれません。しかし、**自分なりに試練を乗り越えてきたことに変わりはありません。そうやって進んできたからこそ、今があるのですから**。

その素晴らしさを認め、喜び、感謝する。

そこから、少しずつ変えられることを変えていく明日への一歩がはじまります。

進歩は傷つく言葉から生まれる

言葉には人を励まし、癒す力があります。しかし時には、言葉が相手の心を傷つける刃物《はもの》になることもあるものです。日々多くの方と接する身として、何気なく発した言葉が誰かを攻撃する武器にならないよう気をつけなければと自戒《じかい》する毎日です。

しかし、受け取ったときはとてもショックだった言葉が、その後、自分を変える大事なきっかけになることもあります。

高校3年生のとき、ある友人に「あなたは八方美人ね」といわれました。言葉とは不思議なもので、それが何十年前のものであったとしても、大きな影響をもたらしたものは鮮明に覚えています。

その友人がどんな意図でいったのかはわかりません。でも、面と向かって突然いわれ、動揺しました。また、自分はそんなふうにみえていたのかと傷つきもしました。今思えば、当時は、人から嫌われたくないという思いが強く、それが行動にも表れて「八方美人」という言葉になったのでしょう。その後、自分の意思をもっと大切にしようと意識するようになりました。

それでもまだ、完全に自分を変えるには時間と経験が必要でした。20代後半、ふたたび私は、核心をついた指摘を受けます。教職員研修の一環として、カウンセリングのワークショップに参加したときのことです。

ロールプレイでクライアント役をしていた私に、講師がこういいました。

「あなたをみていると、鎧《よろい》を着ているみたい。あなたは長い間イミテーションの部分がかなりあったのではないでしょうか」

「イミテーション（にせもの）」という言葉は、まさに図星でした。当時の私は、八方美人と指摘された頃と同じように、人の顔色を伺いながら行動していたのです。ハッとする私に、次の問いが投げかけられました。

「自分と本気で、とことん向き合いましたか」

なにも答えられず、ただ涙があふれ、人前にもかかわらずつきものが落ちたように泣きじゃくったことを覚えています。

当時は、子育てがはじまったばかりで慣れないことだらけ。また教員としての経験も浅く、「こうあらねばならない」「こんなふうにみられたい」という思いにがんじがらめになっていました。

その頃の教え子に会うと、「あの頃の先生は、ほんとにすごく遠かった」「昔の先生は、顔がこわばっていて怖かった」と指摘されます。「もう、昔のことはいわないで」と冗談交じりに頼みつつ、申し訳なかったと心の中で謝るのです。

そのときは泣くことしかできませんでしたが、少し時間を置くと、改めて自分という存在を鎧に押し込め、取り繕《つくろ》っていたのだと気づきました。

それから長い時間をかけて、こう思うようになりました。

「きちんとしなければ」「人に貢献したい」とがんばってきたけれど、その前に自分をしっかりみて、いたわることが大事なのではないか。

そして、**自分の気持ちをないがしろにせず受け止めながら、他者とつながっていくことが、自分を愛するということではないか**。

それから、生徒への対応も少しずつ変わっていきました。

自分の弱さを出してもいい。教員として生徒と一線を引くのではなく、気を楽にして、お互い人間対人間としてかかわりをもとう。そう思えるようになったのです。

もちろん、さすがに指摘を受けたそのときは落ち込みました。

でもしばらくして、ふと「そうか、私は今そんな状態なんだな」と思ったのです。

今の自分を受け入れようと感じた瞬間でした。

そのとき、少し変化が生まれたような気がします。ただ、そこで止まってはダメなのだということもわかりました。厳しい指摘を受け入れた上で、**変化していかなければ進歩はないのだと**。

だから少しずつ、人の目を気にして着ていた鎧を脱ぐことを意識しました。そして、自分のやりたいこと、いいたいことはなんだろうと考えながら、行動するようにしたのです。

今も、試行錯誤《しこうさくご》は続いています。しかし歳を重ねた今、その積み重ねが知らず知らずのうちに、自分を解き放ってきたのだと実感しています。

原動力のひとつとなったのが、若かりし日、痛みとともに受け止めた言葉です。

涙があなたを救う

涙とは、言葉にしたくてもできない思いがあふれて出てくるものなのでしょうか。

少なくとも、私の場合はそうだったかもしれません。カウンセリング研修で人目をはばからず泣いたように、昔からよく泣く子でした。自分の気持ちをうまくいえない分、涙がすぐポロポロこぼれてくるのです。

しょっちゅう泣くので親に叱られ、どうしたらいいかわからず、また泣く。そんな子ども時代でした。

今でも思い出すのが、授業参観で泣いてしまった日のことです。小学3、4年生の頃でした。

先生にあてられ、母親にいいところをみせたくて一生懸命答えたのに、それが明ら

かに期待はずれの答えだったとわかったときです。先生の微妙な表情からそのことを読み取った瞬間、私は席でワッと泣きはじめました。

涙腺《るいせん》が特別弱いのは大人になっても変わりません。つらいときや苦しいとき、うれしいとき、感動したとき、いまだによく泣きます。

とくに、学校行事で生徒たちや卒業生たちの晴れ姿をみると、ここまで苦労してがんばってきたのだなと思い、ジワッと涙がにじんでくるのです。涙もろさの克服は、私にとって長年の課題です。

しかし、涙の効用を実感しているのも事実です。

一時期、「涙活《るいかつ》」という言葉が流行しましたが、涙を流すことで感情をコントロールしている側面もあるといいます。実際に、悲しいときもひとしきり泣いたら落ち着いて、「悲しむのはこれでおしまい」と思えるものです。

泣くという行為は、自分で感情を抑えられないときの〝対症療法〟なのかもしれません。しかし心を癒やし、今を受け入れて進むために、あなどれない力をもっているようです。

大人になると、つい涙を我慢することも多くなりますよね。でも**泣くことを許すのも、自分に対する優しさのひとつ**ではないかと、泣き虫の私は感じています。

完璧を目指さない

完璧でなくてもいいと自分自身にいってあげるのも、またひとつの優しさだと思います。私自身、そう自分にいい聞かせることで救われてきました。

もともと不器用な私は、あちこちにぶつかり、時には、周囲に迷惑をかけながらなんとか進んできました。とくに、育児中の失敗談には事欠きません。

母は私が23歳のときに病気で他界していたので、初産後は夫の実家で過ごし、家に戻って子どもと2人きりの生活がはじまると、いろいろな感情が湧いてきました。

子どもをかわいいと思う半面、早く仕事に復帰したいと願う気持ち。そして、「せっかく休みをもらって育児に専念できるのだから、しっかり母親業をしなければ」という思い。子どもとの幸せな時間を過ごしながらも、ジレンマを感じる日々でした。

仕事に復帰してからも家事をこなせず、苦痛が増えるばかり。幸い、職員はどんなに忙しくても午後7時には退勤するのが学校の方針でしたから、保育園のお迎えはどうにかなりました。しかしその分、子どもを寝かしつけてから持ち帰った仕事をこなすので、時間は常にありません。

うっかりレシートを入れたまま煮たシチューを夫が食べて、「なに、これ?」といわれたこともあれば、おでんを焦がしたこともありました。疲れ果てたときは夕食後の片づけもできず、朝起きてそのままの流し台にうんざり。猛スピードで家事を片づけて、子どもたちを保育園に送り、髪を振り乱して職員朝礼に遅刻して参加……といったこともありました。

また子育てをはじめてみると、自分には常識が足りないと気づくことも多く、落ち込むことも増えました。

たとえば、ひとり目の子どもの小学校入学式のこと。利き手によって右前、左前が選べるように、左右どちらにもついていた制服のボタンを、両方つけたまま登校したのです。近くのお母さんから「あら、これは右利き左利きかで、どちらかを取るんですよ」と教えられ、恥《は》ずかしい思いをしながら、急いで片側のボタンを取ったものです。

学校でも、生徒との距離がうまくつかめず四苦八苦《しくはっく》する毎日。おろそかになっていく家事。自己嫌悪、もっとがんばらねばという気持ち。しかし体力的には無理ができない体。

そんな状況で2人目、3人目と育てながら働き続け、とうとう家事のいいかげんさは、絶頂期。掃除にかまわなくなり、ふとしたときに後悔して、まとめて掃除。案の定、ぜんそくの発作が出て、掃除するんじゃなかったと後悔……のくり返しでした。

とうとう、どうあがいても完璧を目指すのは無理なのだとようやく気づき、いっこうに片づかない家事に目をつぶることを覚えました。

幸いといっていいのかわかりませんが、夫も子どもたちも、少しくらい家が散らかっていても気にしない人たちでしたから助かりました。

完璧でなくていい。

そう気づくきっかけをくれたのが、今は亡き大切な友人の言葉でした。

いつも笑顔を絶《た》やさなかった彼女は、「そうめんの錦糸卵《きんしたまご》をつくるのは手間がかかって大変」と、ふとこぼした私にこう教えてくれたのです。

「あら、わざわざ錦糸卵にしなくても、スクランブルドエッグで十分よ！」

「卵を薄焼きにして細く切って……」と思い込んでいた私には、目からウロコでした。それ以来、わが家のそうめんの具はスクランブルドエッグです。コロコロ丸まった卵をそうめんにのせる楽しみも味わっています。

そうめんの具の話ですから、ささいなことではあります。でも、人生は日常の小さなことの積み重ねです。

ささやかなことに小さな工夫をする。
すべてを完璧にしなければいけないと思わない。
すべてを完璧に行うことができないのであれば、優先順位を見極めてできる範囲で全力を尽くす。そして、完璧にできない自分を許し、少しでも挑戦したことをほめる。

そうやって進んでいくのも、さまざまな場面で無理をしてしまう私たちにとっては、とても大切なことだと思います。

体に弱い部分がある本当の理由

完璧を目指さないとお話ししましたが、私の場合は、完璧を目指せない事情がありました。ぜんそくのため、常に体調と相談して行動する必要があったのです。

ぜんそくは発作さえでなければ、普通に過ごせます。しかし一度発作が起きると、とても苦しく、気管支が収縮し息ができなくなります。薬や注射はあってもすぐに治まるわけではありません。子ども時代に発作が起きると、細い息をつなぎながら症状が落ち着くのを待つしかありませんでした。

大人になると自然に治る人も多いのですが、私の場合はそうではありませんでした。

30代のある日、激しい発作を起こし、1週間仕事を休むことになりました。子育て真っ最中で仕事もプライベートも忙しかった時期。時には、緊急通院しながら夢中で毎日過ごしているうちに、自分自身のキャパシティを越してしまったのでしょう。

医師に「これ以上ひどい発作になると、息が止まりますよ。症状が軽いからといって無理は禁物です」ときつくいわれ、深く反省しました。

また、19歳で突然ヘルペス（帯状疱疹《たいじょうほうしん》）を発症して以来、忙しさやストレスが重なると症状が出るようになり、痛みを伴《ともな》う発疹が出るとなかなか治らず苦労しました。

振り返ると、**体はいつも正直でした**。休養や睡眠が足りないとき、見事に反応して悲鳴をあげました。その声を無視して我慢していると、結局は大きな不調につながり、家族や仕事にしわ寄せがいき、迷惑をかけてしまいます。そのような体験を経て、私は「自分の体と向き合う」ということを学びました。

今でも、疲労が重なるとヘルペスの兆候《ちょうこう》が表れます。そんなときはスケジュールを調整し、ペースダウンするようにしています。

また、周囲に遠慮して我慢していると悪化するので、申し訳ないと思いつつ、早い段階で休養を取るようにもなりました。病気のおかげで、我慢せずひとりで抱え込まないことの大切さを学びました。

症状さえ出なければ普通に過ごせるのですから、慢性的な痛みを抱えたり長い闘病生活を強《し》いられたりしている方の苦労に比べたら、私の状況など取るに足らないものです。

それでも、「体調を気にせず思い切り仕事をしたいのに」「みんなと同じように体を動かして楽しめたらいいのにな」と思うことは何度もありました。

しかし、人と同じように飲んで食べて大騒ぎしたらどうなるか。それもわかっていたので節制するのは当然のことでした。また、この病気と生きていくのだと受け入れたので、今は深く考えることもありません。

ただ、そういった状況でも、これまでやりたいと思ったことはやってきたように思います。体と対話しながらですから、思いどおりのペースでできるわけではありません。

でも、**「今は、10のうちの5までしかできないけれど、チャレンジしてみよう」**。そんな気持ちで進んできたら、意外にも、やりたいことを少しずつ積み重ねて来られました。

だからこそ、女性が自分の体の声を聴き、いたわることの大切さを身にしみて感じるのです。

仕事や家事、子育てなど、背負うものの多い女性は、知らず知らず無理をしがちです。なにより、女性の体は男性よりもデリケートにできています。

自分の体であるにもかかわらず、私たちは弱っている部分に気づかないようにしたり、時に痛めつけたりしがちです。しかし、聖書にはこんな言葉があります。

体の中でほかよりも弱く見える部分が、かえって必要なのです。一つの部分が苦しめば、すべての部分が共に苦しみ、一つの部分が尊ばれれば、すべての部分が共に喜ぶのです。

コリントの信徒への手紙一　12章22節・26節

弱い部分も含めて自分の体を愛おしみ、大切にしていくことの重要さをこの言葉は教えてくれています。

あなたは小さな存在

20、30代の頃は、常に「もっとがんばらなければ」と肩に力が入っていたように思います。その裏側には、「私がやらなければいけない」という気負いがありました。

そんな私に自分の小ささ、謙虚さを思い出させてくれたのが、恩師でもあり、当時同僚だった今は亡き先生の言葉です。

あるとき、「自分がいなければ、クラス運営や担当業務はどうなるのだろう」と育児休暇をとることを悩んでいる私に、先生は、こう指摘してくださいました。

「あなたは小さな存在なのよ。そこは受け入れなさい。

あなたがいなくても学校は回っていくの。

そういう自分の小ささに気づくことも大事よ」

そのあと、「だから、休んでいいのよ」と先生はおっしゃいました。

正直にお話しすると、その言葉を聞いたときは叱られたような気になり、落ち込みました。「あなたなど大した存在じゃない」といわれたように感じたのです。

「毎日、一生懸命がんばっているのに、そんなないい方をしなくてもいいじゃないか」と反発し、「自分はそんなに取るに足らない人間なのだろうか」と一抹《いちまつ》の寂しさも感じました。

そのときは、自分という存在の弱さだけ

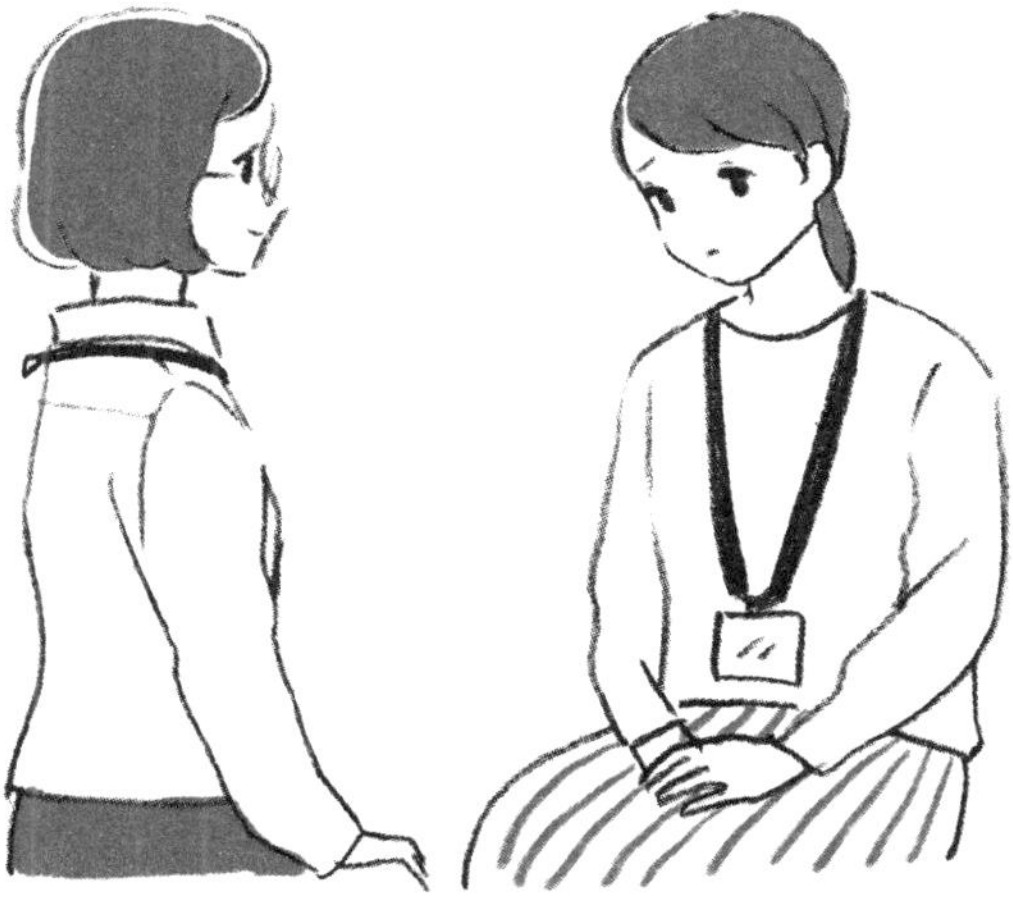

に目がいったのだと思います。

しかし改めて考えてみると、学校でも職場でも、組織というものは、ひとりがいなくなれば、ほかの誰かが動かしていくもの。**「この組織は、自分がいないとやっていけない」と考えることのほうが傲慢《ごうまん》なのです。**

そのことに気づき、「そうだ、悩んでいても仕方ない。割り切ろう」と考え、育児休暇をとることに決めました。そしてそれ以後、自分という存在を謙虚に受け止められるようになりました。

「私がやらなければ」と熱意だけが空回りしていた私にとって、先生のお言葉は、自分をありのままに受け入れる大切さを教えてくれたのです。

いくら元生徒とはいえ、「あなたは小さな存在」と、面と向かってなかなかいえるものではありません。いいにくいことをはっきり言葉にしてくださった先生のありがたさを、今もしみじみと思い出します。

明日を思い煩《わずら》わない

「校長」という仕事は決断しなければならないことも多く、日々悩みの連続です。だからこそ、心に留めているのが、「明日を思い煩わない」ということです。聖書に、こんな言葉があります。

明日のことまで思い悩むな。明日のことは明日自らが思い悩む。その日の苦労は、その日だけで十分である。

マタイによる福音書6章34節

実際、**「その日の苦労」で手一杯なのですから、明日は「明日の自分」にまかせればいいのです**。そう思うと、少し気が楽になります。

まだ起きていない未来のことに煩わされなくていい。目の前にある問題に、ただ集中していけばいいのだ。この言葉からはいつも、そんなエールを受け取っています。

考えてみると、日常的なことから世界情勢まで、私たちのまわりには、すぐには解決しない問題のほうが多いのではないでしょうか。仕事や人間関係の調整などの身近な問題でも、なんらかの手を打ったあと変化が起きるまでには、それなりに時間がかかるものです。

その一方で、人の時間や能力のキャパシティは限られています。

すぐに解決しない問題やネガティブなニュースに反応し、感情を揺さぶられすぎると、本来やるべきことがおろそかになりかねません。

もちろん、そういった感情をバネにして行動できる人もいるでしょう。しかし私自身は感情移入しすぎないよう、気分の切り替えを意識しています。

たとえば、新聞やテレビのニュースは毎日チェックしますが、紛争のニュースや事件記事などを延々とみることはありません。問題はきちんと認識しながらも、「スルーする」ことを意識しています。「ごめんなさい」と心の中で手を合わせながら、あえて深入りせず、状況の好転を祈り、自分にできるほかのことをします。

とくに今は、情報過多の時代です。どんな情報をどのようにキャッチするかを意識することはとても大事なことだと思います。

また、**仕事や人間関係で解決に時間がかかる問題も、あえて脇に置き、「今は、ちょっと休もう」「少し静観しよう」と考えます。そうすると、自然に状況が動いたり、気持ちを立て直したことで別の道がみえたりすることもよくあります。**

すぐに変えられないことを受け入れるのも、また心のすこやかさを保つために大事なのです。

どんなときも、「逃れる道」は備わっている

カリスマ性や統率力があるわけでもない自分には務まらないと、一度はお断りした校長職でした。しかし、引き受けたからには全力で取り組むと決め、多くの方に助けられながらここまで進んできました。

けれど今でも「ほかの方であれば、もっとよい選択ができたのではないか」「あのときの判断は正しかったのだろうか」という思いは残ります。また、元来の自信のなさが顔を出し、試練を前にひるみそうになるときもあります。

それでもどうにか進んで来られたのは、「あなたには逃れる道も備わっている」という聖書の言葉があったからです。

神は真実な方です。あなたがたを耐えられないような試練に遭わせることはなさらず、試練と共に、それに耐えられるよう、逃れる道をも備えていてくださいます。

コリントの信徒への手紙一　10章13節

前半の「乗り越えられない試練はない」という部分はよく聞く言葉ですから、もしかするとあなたも聞いたことがあるかもしれません。また、つらいときや苦しいときに、この言葉で自分を鼓舞した経験があるかもしれません。

しかし、その次の「逃れる道も備わっている」と教える部分が、私にとっては大きな支えとなりました。自信のない私を強くし、困難のときに勇気をもって前進する力をくれました。

人がなにかを選択するとき、「この道でがんばるしかない」と考えると逃げ場がなくなります。でも、**どんなときも進む道はひとつではなく、さまざまな道があるのです**。そう知っていれば、安心してチャレンジできます。

もちろん、「逃れる道」があるからといって、自分の力を試すこともなく逃げればいいといっているわけではありません。

わが学園の前理事長シスター渡辺和子が著書『置かれた場所で咲きなさい』（幻冬舎）でおっしゃっているように、自分が置かれた場所で咲こうと努力するのは尊いことです。私もそうできるよう、必死で進んできました。

その過程で、時にくじけそうになる心を支えてくれたのが、この言葉だったのです。

「逃れる道」はすでに備わっているのですから、まっすぐ進まず、違う道を選んでもいい。あるいは、今の道をひたすら前進すれば、その先で思わぬ方向に道がひらけているかもしれない。

だから、試練と向き合ってみよう。そう思い定め、自分がやると決めたことに取り組むことができました。

試練が訪れたとき、「逃れる道」をみつけるためには、時にはひと休みすることです。先を急がず一歩ずつ進むことです。

そうやって進んでいけば、その先に必ず自分という花を咲かせる道があります。

受け入れることで道はひらかれる

実は聖母マリアも、あの有名な「受胎告知」の場面でキリストの母になることを拒否しています。光臨《こうりん》した天使に「あなたは、キリストの母になるのだ」と告《つ》げられ、「どうしてそのようなことがありましょうか」と拒んだのです。

当時、マリアは16歳か17歳だったといわれていますから、突然のお告げに戸惑い、そう答えたのも無理はありません。

しかしそのあと、マリアは落ち着きを取り戻し、こういいました。

「Let It Be（仰せのごとくわれになれかし）」

わかりやすくいうと、「お言葉どおりになりますように」という意味です。

ジョン・レノンの歌で有名な「Let It Be」は、キリストの母になるという運命を受け入れたとき、マリアの心の中から湧いてきた言葉でした。

聖母マリアでさえ、みずからの運命を受け入れるために、考え、咀嚼《そしゃく》する時間が必要だったのだ。そう考えると、少し救われる思いがします。

なにかを依頼されたとき、自分には無理だと感じたり気が進まなかったりしても、実際に、断るのはためらわれるものです。「断ると、嫌われるかもしれない」「せっかくいってくださっているのだから」という思いが湧いてきます。相手への申し訳なさや罪悪感を覚えるからでしょうか。

しかし、**自分の心を正直に感じてみましょう**。

そして、もし答えがＮＯなら、その感覚に素直に従い、一度は相手に問い返してもいいと思います。

それでもなお、やるべきだと思うのなら、それは「神の思し召し」と受け止め、承諾してみる。そういった方法もあるのではないでしょうか。

私自身も、校長職を一度拒否したからこそ、「仰せのごとく」と受け入れる姿勢が整いました。神様が「やりなさい」とおっしゃっているのかもしれない。そう考え、引き受けたのです。

迷ったり拒んだりする自分を否定せず、いったん認める。その上で、「それでも、やってみよう」「やはり、やるべきだ」と判断したら受け入れる。そうやって、自分の素直な心と向き合いながら進んでいくと、新たな世界や可能性が広がっていきます。

逃げることは〝悪〟ではない

今いる場所で心から笑顔になれない。自分を追い込んでしまうときがある。

もし**あなたがそのような状態だとしたら、無理に立ち向かおうとしなくていい。その場所からいったん離れるという選択肢を自分の中にもっておきましょう。**

逃げることはとても大切なことです。

そのような生き方を教えてくれたのは、ノートルダム清心学園の創立者ジュリー・ビリアートです。

ジュリーは、フランス革命期にパリ郊外で生まれました。姉弟は体が不自由でしたが、ジュリーだけは元気で幼い頃から信仰があつい女性でした。

大地主だったビリアート家は、家業の小売店が盗難の被害に遭い、次第に生活が苦しくなっていきます。そしてジュリーが23歳の頃、家に石が投げ込まれ、銃撃を受けてしまいます。この出来事がトラウマとなり、ジュリーは体が麻痺《まひ》し、50歳を過ぎるまで寝たきりで過ごすことになりました。

しかし、その状況下でも女子教育への情熱を燃やし続け、仲間や支援者の助けを得て、修道会とともに学校を設立するのです。

ジュリーが創立したノートルダム清心学園は現在５大陸に広がり、世界に約１２０校の姉妹校があります。

ジュリーが生きた時代は、まさに激動期。フランス革命で起きた聖職者内の分裂の影響を受け、ジュリーの革新的な活動は教会から迫害《はくがい》されてしまいます。当時は女性差別も激しく、歩けないジュリーは台車に積んだ干し草の中に隠れて命がけで逃げ惑いました。

そしてついに彼女はフランスを出ることを決意。ベルギーへと逃れました。そこで今に続くいしずえを築くのです。

50代を過ぎて奇跡的に立てるようになったものの、ジュリーの人生は困難そのものでした。しかし彼女はこんな言葉を残しています。

「いかによき神のよきかな」

わかりやすくいえば、「神様はよいお方」という意味です。

不自由な体で迫害を受け続けたジュリーは、どんな思いでそういったのでしょう。私は、「どんなことがあっても、いいことが起きる」という意味だととらえています。どんなに自分で歩きたくても、歩けない。女子教育の場をつくりたいと願っても、国外に逃げなければならないほどの迫害を受ける。それでも「神様はよいお方」といえるジュリーは、自分自身の運命を受け入れていたのでしょう。

しかし、そんな彼女であっても追い詰められた状況では、「逃げる」という選択肢を行使《こうし》しました。

弾圧に対して無理に抗《あらが》うことをせず、「私のしたいことは違う場所でもできる」と、祖国のフランスから逃げて、ベルギーでみずからの思いを現実にしたのです。

中学入学後、はじめてジュリーの一生を知り、私は大きな衝撃を受けました。真正面から困難にぶつかるのではなく、あえて自分のいる場所を離れることで生きていく道もあるのだと知ったからです。

高校時代、私自身も息苦しい状況から抜け出したくて、自分の居場所から距離を置いたことがあります。当時、両親との関係に悩みを抱えていた私は、自宅にいる時間を減らすために、放課後や休日になるとご縁のあった教会に入り浸ったのです。

この教会の出会いや経験がなければ、今の人生はないといってもいいでしょう。

正直な話、10代の頃は、「神様はよいお方」という言葉がピンと来ませんでした。

しかし20歳で洗礼を受け数十年を経た今は、こう考えます。

どんなときも必ず神様から見守られている。だからなんとかなるのだ、と。

時には、意に添《そ》わぬ状況を受け入れなければならないこともあるけれど、視点を変えれば、道は必ず与えられるのだと。

ただ、ジュリーがそうしたように、進む道は自分自身で探すしかありません。その道を探すためにも、自分を傷つけたり悩ませたりすることからは逃げていいのです。「逃れる道」は必ず備わっているのですから。

あなたに試練が降りかかる理由

私は大学3年生のとき、香港大学に留学しました。

アジアの歴史や教育を中国語や英語で学びたいと思い、インターネットもなかった当時、大学宛てに手紙を書き実現させた留学ですが、今思えば当時の私は現実から逃げ出したかったのかもしれません。

もちろん、勉強が一番の目的でしたが、新しい環境に身を置きたいという願いもあったのです。

ところが、現地で直面したのは、自分自身のふがいなさでした。

まず、中国の標準語（北京語）が通じないのです。現地の広東語《カントン》は話せないため、つたない英語でコミュニケーションする日々。中国アクセントの英語はとてもわかりづらく苦労しました。
また、アジアについての歴史の知識も圧倒的に足りないことも痛感しました。当然、勉強も全くできません。

一番情けないと思ったのは、自分の意見や気持ちがいえなかったことです。語学力も原因でしたが、最大の問題は自分の姿勢でした。男女問わず率直にディスカッションする学生たちに、気圧《けお》されてしまったのです。「間違えると恥ずかしい」「なにをどう話していいかわからない」。そんな戸惑いや自信のなさが邪魔をして、いいたいことの1割も伝えられませんでした。

落ち込む私を救ってくれたのが、現地の友人や寮の仲間です。
実にさまざまな人たちが、ひとりぼっちの留学生を助けてくれました。寂しいだろうからと、家や寮の部屋に招いてくれたり、行事に誘ってくれたりと国籍や性別を超え、手を差し伸べてくれた彼らの友情を感謝とともに思い出します。

友人たちはいつも私にいいました。

「しおりは、どうしてそんなにシャイなんだ。もっと自分を出したほうがいい」

「日本人の女性はみんな、意見をいわないの？」

「悔しい」「もどかしい」と思いつつ、結局最後まで彼らと対等に議論することはできませんでした。

帰国後、私は変わろうと思いました。そして、彼らにせっせと手紙を書き、伝えきれなかった思いを綴《つづ》りました。その後、世界各地に散った友人たちは今も大切な存在として、折々に交流が続いています。

「情けない」「これではいけない」と、心底思う体験をするからこそ、人は変わろうと行動しはじめるのでしょう。試練とは、私たちが成長の糧《かて》にするために与えられているものなのかもしれません。

第2章

ひとりだからこそ、つながって生きる

今ある居場所で満足しない

「教育する」(educate) という言葉は、「educe (引き出す)」と関連があるそうです。学校生活では、行事や授業がきっかけとなって、生徒同士がお互いの個性や能力を引き出しあい、予想もつかない化学反応を生む瞬間があります。教師として、そんな瞬間に立ち会えるのは、この仕事の醍醐味《だいごみ》です。

一方で、思春期ならではの人間関係の悩みに直面するのも、中高生時代の特徴です。「自分の好きな友人が、ほかの人と仲良くしている」「親しかった友達とうまくいかなくなった」など、時折、彼女たちなりに悩んでいる様子を見受けます。

大人目線でみれば、「そんなに深刻に悩まなくても大丈夫」といいたくなりますが、当事者にとって友人関係は重大な問題。ともに考える姿勢で丁寧にかかわりつつ、心を解きほぐす助けができたらと思っています。

実は私自身、中高生時代は仲のいい友達がなかなかできませんでした。

今でこそありがたいことに、仲間や友人、先輩・後輩に恵まれていますが、中高生時代は社交性もなくグループ行動も苦手。クラス替えがあるごとに、巡り合った人たちと適度な距離で友達になったという程度です。

かといって、無視されたりいじめられたりしていたわけでもなく、学内は、お互いの個性を認め合う風潮がありました。

とはいえ、仲間内で楽しそうに話している同級生が羨《うらや》ましかったのも事実です。

とくに修学旅行の際、「好きな人とグループになるように」といわれたときには困りました。さすがにひとりというわけにもいかず、近くのグループに混ぜてもらったのを覚えています。

そんな学校生活で救われたのが、部活です。水泳部に所属していた私は、決して泳ぐのが速かったわけではありませんでしたが、好きで熱心に打ち込みました。

ただ、大会を目指して練習には一生懸命取り組みたいと考える私と、適度に楽しもうとする同級生たち。ここでも接点はみつかりませんでした。さらに、引き受け手がなく、なりゆきで部長をやるようになり、同級生との距離はますます開くばかり。そのかわり、強くなったのが先輩・後輩との関係でした。とくに、ひとつ上の先輩からはいつも励ましてもらいました。

今でも数年に一度ほどですが、部活の仲間と会うと、中高生時代の合宿や練習の思い出話は尽きません。共通する体験を分かち合い、今もお互いに応援しあえる仲間と出会えたことは、大きな支えとなっています。

学生時代に限らず、人間関係は誰にとっても一生のテーマです。とくに、人づきあいが人生に影響を及ぼすことの多い女性は、なおさらです。

たとえ、日常生活で思うようにいかないことがあっても、**心が落ち着く居場所があれば、人はなんとか踏ん張れる**のではないでしょうか。

振り返ると、自分の居場所が学校や家庭でみつからないときでも、それ以外の場所で息抜きや気分転換ができたように思います。学校では内向的だった小学生時代も、家に帰って近所の幼なじみと遊ぶときは自分らしく楽しめました。

また高校時代、両親との関係が悪化して家にいづらかった時期には、週末に足を運んでいた教会の仲間との交流が心を癒やす場となりました。活動の中で勉強したり対話を深めたりしたことで、視野を広げることもできました。

固定した人間関係の中にいると、学校、職場、家庭、身近な友人関係だけが自分の世界だと思いがちです。しかし**視野を広げてみれば、素の自分を受け入れてくれる場、自分らしく振る舞える場、そして、心地よく過ごせる場がある**ものです。

あるいは、話を聞いてくれる人、応援してくれる人がいるものです。

少し勇気を出して、今いる場所から一歩踏み出してみる。
会いたいなと思う人に、「お茶でもしない？」と連絡してみる。
直接会えないなら、メールで近況報告する。

そんな**小さなアクションが、人とのつながりをつむぎ、居心地のよい人間関係を築いてくれる**。そんなこともあるのではないでしょうか。

「助けてください」という言葉で人生は変わる

困ったとき、素直に「助けてください」という。それができるだけで、生きることがずいぶん楽になります。

しかし私たちは、「人に迷惑をかけてはいけない」といわれて育ちました。ですから実際には、気軽に助けを求めにくいのが実情かもしれません。

私も「助けてください」となかなかいえませんでしたし、いってはいけないと思っていました。しかし、子育てではそうもいってはいられませんでした。

子どもの保育園時代、吃音《きつおん》の症状が出て悩んだ末に転園しました。当時通園していた保育園で吃音に対する厳しい指摘を受け、違和感をもったからです。しかし、すがる思いで転入した新しい保育園の先生は一切気にせず、驚くほどあっさり症状は解決しました。

ほかにもさまざまな出来事が起こるたびに困り果て、先生方に「助けてください」と頭を下げていました。そうやってSOSを出さなければ、乗り越えられなかったのは確かです。

校長職に就《つ》いて、また「助けてください」「お願いします」という場面が増えました。日々の業務、行事の開催、設備の管理など、学校運営は職員や外部の方々の力なしには成り立ちません。多くの方に協力をお願いし、それぞれの個性やスキル、専門性をもち寄るからこそ、学校という大きな共同体がつつがなく動いていくのだと実感する毎日です。

とはいえ、若い頃の私は子どものこと以上に、自分の仕事をほかの人にお願いするのが苦手でした。「努力が大事だから、自分でやってしまおう」と、ひとりであれもこれもと抱え込んでいたのです。

そんな考えが変わったのは、十数年前です。

外国人の教員が「May I help you?」「Please help me」とお互いに助け合っている姿をみるうちに、もっと「助けて」という言葉を使ってもいいのではと、思うようになったのです。

ちょうどその頃、当時の駐日米国大使だったキャロライン・ケネディさんが、「これからは、女性が助けてくださいといえるようになることが大事だ」と語った新聞記事を読み、その意図に共感したこともひとつのきっかけでした。

以来、「ここ、ちょっとお願いします」「助けていただけますか」と、周囲の手を借りるように心がけました。すると、あることに気づきました。まわりには、自分にないものをもっている方がたくさんいたのです。孤軍奮闘《こぐんふんとう》しているときには、みえなかったことでした。

「助けてください」といえるようになると、まわりの人からも「助けてください」といわれるようになります。すると、思わぬ化学変化が起きるかもしれません。

ひとりで手に負えないとき、苦しいときに限らず、もっと気軽に「助けてください」といっていくと、誰もが生きやすい環境に変わりはじめるように思います。

笑顔の連鎖が生まれる言葉

助けを求めるときに心がけているのは、相手に気持ちよく受けていただけるように、明るくお願いすること。そして、助けていただいたあとに、「ありがとう」「ありがとうございます」と、心を込めて伝えることです。「助けてください」と「助けてくれて、ありがとう」はセットだと思っています。

というのも、以前の私は頼みごとをする際、無意識に「すみません」「ごめんなさい」を多用していたのです。

しかしあるとき、相手の方は謝られるより、感謝を伝えられたほうがうれしいのではないかとふと気づきました。

謝られると、相手も恐縮してしまいます。でも、「とても助かっている」「あなたの存在に支えられている」。そう伝えれば、笑顔の連鎖が生まれ、そこに流れる空気も変わります。以来、日常で「ありがとう」という機会が断然増えました。

ささいなことかもしれませんが、気持ちのよいコミュニケーションのために忘れずにいたい姿勢です。

身近な場面でも、感謝の言葉は遠慮せずしっかり伝えるようにしています。

留学生時代、広東語で「ムコーイ（ありがとう）」と感謝を伝え合う人たちの姿をよくみかけ、いい習慣だと思ったものでした。

またほかの国に行った際も、乗り物に乗り降りするときやレストランでの食事、買い物なども含めて、現地の言葉で「ありがとう」といっている場面をよく目にしました。それもあって、私も見習いたいと思ったのです。

学校のホームページに掲載している校長日誌の最後にも、必ず「感謝と祈りのうちに」と記しています。

もともとは留学中、英文の最後に「with love（愛を込めて）」や「God bless you（神の祝福がありますように）」と書く友人が多く、素敵だなと思ったことがはじまりです。

この2つの言葉に込められた思いを、自分なりに日本語で伝えたいと私は思いましたが、ピンと来る言葉になかなか出会えませんでした。

するとあるとき、友人が「感謝と祈りのうちに」と文末に入れているのを目にしたのです。私が伝えたいのは、まさにこれだと直感しました。以後、メッセージにはすべて、読んでくださる皆さんへの感謝と祈りを込めて、この言葉を添えています。

もうひとつ、この言葉に込めた大切な思いがあります。

私たちはつい、自分はひとりきりだと思いがちです。しかし、苦しいときや思いどおりにいかないときでも、必ず誰かがどこかで見守っていてくれます。

その誰かとは、人智《じんち》を超えた偉大なるなにか。サムシング・グレートとでもいうべき存在かもしれません。その偉大な存在に、私たちは生かされています。

この言葉には、そのことへの感謝と祈りを託しているのです。

また、苦しみをひとりで背負うのではなく、時には、その存在を頼りにしてもいいのではないか。そんな思いも込め、読む方が少しでもホッと心を休ませてくださるようにと、いつも祈りつつ書いています。

誰とでもよい関係を築くコミュニケーション術

人づきあいに苦手意識があったからこそ、コミュニケーションのとり方には試行錯誤を重ねてきました。

どちらもいまだに模索《もさく》中で、答えがみつかったわけではありません。

しかし、**どんな場面でも相手に敬意をもつこと**。そして、**普段からさりげない心遣いや会話の工夫を意識すること**。この2つが大事だと感じています。

とくに、校長という立場になってからは、相手と打ち解けられる工夫を心がけています。経験上、生徒であれ職員であれ、校長と話すときは少なからず、気後れしたり身構えたりするのではないかと思うからです。

お互いを尊重し合うために適度な距離感を保ちつつも、あたたかな交流ができたらと思う日々。さりげない言葉遣いやまなざしの向け方ひとつにも、相手を包み込み、敬意や思いやりを込められたらと願っています。

ここからしばらく、私が心がけているコミュニケーションの工夫についてお話しします。

〝間〟で余裕をつくる

お互いに好感をもち、心を開いて会話できるように、相手のタイミングをみて〝間〟を取るように意識しています。

話し方のペースは人それぞれで、マシンガンのように高速で言葉が出てくる方もいれば、一言ずつゆっくり考えながら話す方もいらっしゃいます。

どんな語り口の方とお話しするときも反射的に答えるのではなく、相手の反応をみながら、間合いを取って丁寧に会話をつなげます。そうすることで、お互いを理解する余裕が生まれるように思うからです。

とくに、勢いよくたたみかけるように話す方には、相手のペースについ引きずられ、「売り言葉に買い言葉」になってしまいやすいです。そんなときこそ、一呼吸おいて返事をすることを心がけています。

相手の波に乗る

間を取るといっても、常にゆっくり話すというわけではありません。会話のスピードは、相手のテンポに合わせます。

早口の方には、こちらもポンポンとリズミカルに会話を進め、スローペースの方にはゆっくり話します。会話が進むよう、適度に相槌《あいづち》を打つことも心がけています。

また、フランクに話すタイプの人とは、同じように距離感を縮めて接すると会話がどんどん深まります。逆に、少し遠慮がちに話す方なら無理に踏み込まず、相手が心地よく話せる距離感を意識します。

相手と、どんな声のトーンや会話のペースが合うのかを無意識で探るのは、ひとつの習慣となりました。

相手に自分を重ねる

聖書に「人にしてもらいたいと思うことを、人にもしなさい」という言葉があります。これも普段から心に留めている言葉です。

たとえば、「この言葉をかければ、少しは安心してもらえるかな」「本当はこう伝えたいけれど、今は負担に感じるかもしれないから、違う言葉にしよう」。そんな**問いかけを自分にしながら会話していくのです**。

ただし、同じ言葉でも相手と自分とでは受け止め方が違うのがむずかしいところ。

失敗したなと反省することも多々あります。それでも、自分の主張を押しつけるのではなく、相手の立場に立って考えるのは、コミュニケーションの基本だと感じています。

目で語りかける

会話と同じくらい大切だと感じるのが、アイコンタクト。相手の目をみて話すことです。**「目は口ほどにものをいう」ということわざもあるように、お互いの目をとおして通じ合うものは、言葉以上のものがある**と数々の経験から感じてきました。

とくに、感謝の言葉は必ず相手の目をみて、微笑《ほほえ》みとともに伝えたいと思っています。

また、悩んでいる方を励ましたいときや相手の心を解きほぐしたいときにも、「心配ですね」「解決策を一緒に考えていきましょう」と、目線を送りながら声をかけます。

さらに、大切な連絡事項や、ぜひ心に留めておいてほしい言葉も、相手をきちんとみて伝えるようにしています。

挨拶が思いを伝える第一歩

話術に自信がない分、せめて挨拶は全身全霊で行うようにしています。

たとえば、学校の集会や職員朝礼では、全員を見渡してその日の様子を推しはかり、心と心が通い合うよう、思いを込めて「おはようございます」の第一声を発します。

うつむきがちだったり調子が悪そうだったりする様子が目に入ったら、「しんどいときに来てくれたのだな、どうぞ元気になりますように」と心の中で祈ります。

そして最後に、「今日も1日よろしくお願いします」と、ふたたび全身全霊の思いを込めて締めくくるのです。

短い挨拶であっても、そこに込めた思いは必ず相手に伝わる。

そう信じて、日々くり返しています。

方言は緩和剤のひとつ

基本的に、パブリックな場では丁寧な言葉遣いを意識し、とくに、語尾をきちんというようにしています。しかし節度を保ちつつも大切にしたいと考えているのが、方言を使うことです。

休憩時間に生徒や職員と何気ない言葉を交わすときは、少しフランクに「○○しんさい（しなさい）」「●●じゃね（だね）」など、広島の言葉を使うのです。**慣れ親しんだ言葉が少し入るだけで、そこに和やかな空気が生まれます**。そして、**お互いの関係がより温もりのあるものに変わる**気がします。

生まれ育った土地の文化や伝統を大事にしたい。生徒たちにもそのような気持ちをもってほしい。そんな思いも込めた習慣です。

便利なオンラインのワナ

オンラインのコミュニケーション、中でもＬＩＮＥを使いはじめた頃は、数々の失敗をしました。誤解が生まれたり、やりとりが延々と続いたりして、問題がややこしくなることがあったのです。オンラインだからこそ、相手への気遣いや丁寧な言葉遣いはリアルな場面より重要になると痛感しました。

とくにトラブルが起きたとき、オンラインだけで解決しようとすると、かなりの確率でこじれます。ですから、問題が起きたら直接会うか、せめて電話で話すようにしています。すると、お互いの誤解が解けてすぐに解決に至ることがほとんどです。

オンラインに頼りすぎず、リアルなコミュニケーションとのハイブリッドで使うことが、ひとつのポイントだと感じます。

コミュニケーションは失敗からはじまる

どんなに気をつけていても、複数の人間が動くときには、主張のぶつかり合いや感情のもつれが生まれます。それは職場であれ、趣味の集まりや家庭であれ同じです。その一方で、コミュニケーションに自信があるという人は少ないのではないでしょうか。人づきあいが上手にみえる人でも、その人なりの苦労や悩みがあるものです。

人とのつながり方を学ぶには、リアルな場で経験を重ねること。そして同時に、失敗することも必要です。人間関係づくりは最初からうまくいくものではないということを、心に留めておくとよいでしょう。

ただし、いつも当事者同士だけでうまくいくかというと、そうでもないこともあります。ですから時には、信頼できる第三者や専門家にお願いする必要もあるかもしれません。

まずはトラブルを未然に防げるよう日頃の工夫が大切です。不要なあつれきや衝突を避けるために、気をつけているポイントをご紹介します。

反論したいときほど、相手の主張をくり返す

意見が違う場合、「でも……」といいたくなるものですが、すぐに反論すると相手も臨戦態勢に入ります。

私も昔は、異なる意見や新しい提案をついストレートに伝えていました。すると相手は、自分自身を否定されたような気がして、心を閉ざしてしまいます。

ですから今は、違う意見をいいたいときや相手に同意できないときは、「○○さんの意見は、△△なのですね」「なるほど、あなたは□□と思うのですね」と、まずは相手の主張をくり返します。

また、相手と違う意見を伝えるときには「あなたの思いを否定しているわけではないのですよ。そこはわかっていただけますか」と、やんわり尋ね、相手の反応を確かめながら話すようにしています。

そうすると相手は、自分の主張を聞いてもらえたと思い、こちらの意見を聞く態勢が生まれることが多いように感じています。

時間を置くことが成功のはじまり

打ち合わせや会議などで、お互いが感情的になり、話が紛糾《ふんきゅう》してしまうことがあります。そのような場合は、「今日はここまでにして、また次回話しましょう」「場を改めて、各自でよく考えてみませんか」と提案するようにしています。

時間を置くことで冷静になり、新たな道や提案がみえてくることがあるのです。

これは、プライベートな場面や一対一で話しているときでも同じです。時間を上手に活用することで、不毛な話し合いが回避できます。

相手を尊重するタイミング

基本的に、どちらでもいい事柄については、相手の都合や意見に合わせることも意識しています。

もちろん、譲れない事柄については誠意をもって思いを伝えます。しかし、行事や会議などの日程、プロジェクトの細かな段取りなど、自分にとって優先順位の低いことは相手の希望に合わせれば、場もほぐれて物事がスムーズに運びます。

実際、緊張感がほぐれて、そのあと、主張を受け入れてもらいやすい雰囲気ができたことも何度かありました。

断ることが相手を敬うこと

これは、校長を引き受けた際の自戒も込めて書きますが、**頼みごとをされたときや**

お誘いを受けたとき、返事がNOの場合はきちんと伝えることが大切です。

「断ると嫌われるんじゃないか」と意に添わない誘いを受けると、その結果は自分に返ってきます。また、断りたいのに返事をしないと、相手に迷惑をかけてしまいます。

さらに、判断がむずかしいときに「まあ、いいか」と承諾すると、あとから引くに引けなくなり後悔することにもなりかねません。

「もう少しくわしく聞かせていただけますか」「判断材料をいただきたいのですが」などと伝えて情報をもらい、じっくり考えて自分の心に添った返事を返すよう心がけましょう。

すぐに返事をすることが正しいことではない

しかし、相手との関係次第では断りにくい場合もありますよね。そんなときは、少なくとも即答しないことです。

「すぐに結論を出せないので、少しお時間をいただけますか」「少々むずかしいと思いますが、考えてみます。いつまでにお返事すればいいでしょうか」などと伝え、そのあと、自分で咀嚼してやはりNOの場合はその旨を伝えます。

すると、相手も心の準備ができているので、その場で断るよりも受け止めていただきやすいでしょう。

ただ、**断る場合は感謝の気持ちも一緒に伝えることが大切です**。

「やはりむずかしいと思う。でも、声をかけてくださってありがとう」「今回はご希望に添えません。しかし、お話をいただいてうれしかったです。お礼申し上げます」と伝えると相手との関係も保たれ、次の機会につながる可能性も残せるでしょう。

「そうですね」に隠されたワナ

誤解を招かないために、会話の途中で安易に「そうですね」といわないよう気をつけましょう。

相槌を打つこと自体は重要ですが、自分が納得していないのに「そうですね」というと、同意したと思われてしまいます。自分とは意見が違うときは無言でいるか、「○○さんは、そう思うのですね」と返すといいでしょう。

うまくいかないときに自分を責める必要はない

人間関係で数々の失敗をしてきたからこそ思うのは、**一度うまくいかなかったからといってあきらめてはいけないということです**。

たとえば、よかれと思って発した言葉が、逆に相手を追い詰めてしまった。誠意を尽くしたつもりなのに誤解を招いてしまったといったことは、どうしても起こります。そんなときに、自分を責めたり相手や状況を非難したり、もうダメだと決めつけたりしていても解決には向かいません。

失敗は、誰にでも起こります。また、たまたま相手の虫の居所が悪かったり、話をするタイミングが悪かったりしただけということもあります。時間を置いてタイミングを見計らい、「実は、あのときね」と話を切り出すと、意外に誤解が解けることもあるのです。

重なりあうところは必ずある

お互いが自分の意見や主張だけをとおそうとすると、必ず衝突してしまいます。しかし**意見が食い違っていても、それぞれの主張の共通点は多少なりともあるものです**。それをみつければ、意外な「落とし所」がみえてきます。方法論が違うだけで、同じ目的に向かって進んでいるのですから。

自分と他者の意見が重なるところに、「第三の道」をみつけましょう。

たとえば、あなたは、休日は部屋の中で静かに過ごしたいのに、パートナーはアウトドア派だったとします。いつも週末の過ごし方で揉《も》めるのですが、「2人で楽しく過ごしたい」という思いは一緒です。そうであれば、森のコテージを借りてあなたは

屋内で読書などをして、パートナーは近くの自然を満喫し、夜はともに過ごすという選択もあるのです。

それを**みつけるためには、「この人の考え方は、いつも○○だ」と決めつけず、「その人には、その人なりの事情がある」と考えてみるといった姿勢が役立ちます。**

とはいえ私自身、家庭でもこれがなかなかうまくいかず模索の日々は続きます。公私ともにコミュニケーションはむずかしいものですが、だからこそ、うまく伝わったときのうれしさはまた格別です。それが、人間関係の醍醐味なのかもしれません。

男性とのコミュニケーションを考える

香港留学時代、現地のレディーファーストの習慣に触れて驚きました。たとえばあるとき、円卓を囲んだ食事の途中で、男性が女性たちのお茶をごく自然に注ぎ足しはじめました。お茶を注いでもらった女性は現地の作法なのか、人差し指でポンポンとテーブルの端を叩き、スマートにお礼を伝えます。

考えてみれば、重いティーポットをもつには腕力がいるので、男性が注ぐのは合理的です。しかし、日本との違いに衝撃を受けた光景でした。

また男女でディスカッションする際にも、女子学生たちは全く物怖《ものお》じすることがありません。堂々と発言したり振る舞ったりするその姿に圧倒され、わが身を振り返って複雑な思いになったものです。

しかしふと思えば、中高生時代は私もそうやってのびのびと振る舞っていたのです。女子校は、どんな行事も自分たちだけで企画運営することが当たり前。男子がいないので、当然リーダーも力仕事も女生徒です。人前に出ることが苦手だった私も、水泳部部長と体育部長を兼任し、合宿や文化祭の開催などに打ち込んだものです。

異性の目を気にしないために、時にはしゃぎすぎる面はありましたが、同級生たちも先輩・後輩も、自立心や探究心が旺盛《おうせい》でした。中高生時代に培《つちか》ったその気質が、卒業生の活躍につながっているように思います。

ただ、いわゆる「男性を立てる」「女性は一歩引く」といった文化になじみがなかったため、卒業後は皆、違和感をもつことも多かったかもしれません。

私も共学の大学に進んだあとは、男性中心の研究室や飲み会の雰囲気などに驚き、はじめて女性が日頃置かれている環境を知りました。

今ではかなり減ったものの、「女のくせに」「女性は控えめに」といった風潮が残っているのも事実です。また私たち女性にも、「だから男性はダメなんだ」「女性は軽視されている」といった意識があり、お互いのディスコミュニケーションを生んでいるようにも思います。

お互いの意識を変えるのはなかなかむずかしいですが、**まずは相手を尊重する。そして、おおらかさをもって相手を受け入れ、変えるべきところは変えていく。**そんな姿勢が大切なのではないかと感じます。

どんなときも、2％の懐疑心や警戒心をもつ

「人は失敗から学ぶ」といいますが、実は私もこれまで数々の手痛い経験から多くを学びました。

20代の頃、同僚と2人である東南アジアの国に出かけたときのことです。帰国直前に訪れたある観光地で、現地の人に声をかけられました。ガイドをしてくれるというのでともに過ごし、最後は彼らの家に招かれて一緒に写真まで撮影。「いい思い出ができてよかった」と喜びながら、空港で財布を開けた私は、あっと息を飲みました。

中のお札がすべて抜き取られ、茶色い紙切れに変わっていたのです。

証拠となるはずだった写真フィルムもカメラから抜かれていました。

思い出してみると、「あのとき、盗まれたのだ」というタイミングがいくつかあったのですが、もうあとの祭りです。

文字どおり無一文《むいちもん》で帰国し、楽しかったはずの旅行が台無しになりました。はじめての海外旅行だった同僚への申し訳なさと、情けなさでしばらく落ち込み、大いに反省しました。

振り返ると、海外旅行の高揚感による気のゆるみや、だまされるはずがないという油断があったのだと思います。もっというならば、そもそもの原因は、海外では観光客は狙われるとしっかり認識していなかった私自身の無知《むち》でした。

見方を変えれば、常にビクビクしていたらせっかくの旅行が楽しめませんし、ケガひとつせず済んだのは幸運だったともいえます。

しかし、この苦い失敗から相手を冷静にみる目、また一歩引いて正しく状況を判断する慎重《しんちょう》さが必要だということを学びました。

この出来事は、30年以上経った今、また新たな気づきとなっています。若かった当時は、自分への憤《いきどお》りや後悔とともに、相手に対しても「なぜ、あのようなことをするのだろうか」と怒りとも悲しみともつかない疑問が湧いてきました。しかしさまざまな経験を経て、人という存在、人とのかかわり方について考えていくうちに、彼らへの思いが少しずつ変わりました。

彼らには、彼らの事情があったのかもしれない。そんなふうに、彼らの置かれた背景にも思いを馳《は》せるようになったのです。

もちろん、彼らは罪を犯しているのですから、法に則《のっと》って罪を償《つぐな》う必要があります。また自分自身の軽率さを、今でも許しているわけではありません。

ただ、「あの選択をせざるを得ないほど、彼らは困窮《こんきゅう》していたのかもしれない」と

割り切っていく。そんな人生のほうが、「許さない」「相手が悪い」と断罪して責め続けるよりも楽ではないかと思うようになったのです。

どんなときも人を信じ、愛することは大事です。

しかし、シスター渡辺和子が、著書『置かれた場所で咲きなさい』でおっしゃっています。

信頼は、98％。

あとの2％は相手が間違ったときの許しに取っておくと。

どんなときも100％信頼するのではなく、2％の懐疑心や警戒心を残しておく。

そして、自分の置かれた状況や取るべき行動を客観視する。

その大切さを教えてくれた出来事でした。

あなたのマリアを探す

ミケランジェロのつくったマリア像、「ピエタ（悲しみのマリア）」をご存知でしょうか。

ピエタは、磔《はりつけ》の刑に処されたあと、十字架から降ろされたイエスを抱き上げる聖母マリアの姿を表した像です。

数あるマリア像の中で、私はこのピエタにもっとも惹《ひ》かれます。カトリックの総本山であるバチカンではじめてみたときの美しさは、今でも忘れられません。

自分よりも先に旅立った子どもを見送らねばならないのは、親としてどんなにつらいことか。その表情からは、わが子を失った深い悲しみと、イエスへの慈愛が伝わってきました。

人生で一番影響を受けた存在を挙げるとしたら、校名「ノートルダム」の意味でもあるこの聖母マリアでしょう。

人々の悲しみに寄り添い大きな愛情で包み込むマリアの姿は、いつも私の心にあります。その生き方に少しでも近づければと、20歳で洗礼を受けたとき、洗礼名は「マリア・ソフィア」としました。

洗礼から40年以上経て、その生き方に近づけたのかと尋ねられると、返事に困ります。しかし今思うのは、これまでの人生で、マリアのような女性たちにどれだけ助けられてきたかということです。

たとえば、母を亡くしたあと、電話や便りをとおしてずっと気遣ってくれたのは遠方に住む伯母でした。ひんぱんには会えないものの、伯母の存在がどれだけ心強かったかわかりません。

母の代わりに叱ってくれた友人のお母さんにも支えられました。時には、「しおりちゃん、そんな服装で仕事に行ってるの？　もっときれいな格好をしなさい」と、ズバッといわれたものです。叱ってくれる大人に恵まれなかった私にとって、自分の娘にいうような遠慮のない指摘をもらえるのはありがたいことでした。

あるとき、母の友人のおひとりから久しぶりに電話をいただきました。いろいろな話をしているると、すでに90歳を越えているその方は、「あなたのお母さんが生きていらっしゃったら、私と同じ年なのよ」とふとおっしゃいました。

私の記憶の母は、享年の53歳で止まっていたので感慨深いものがありました。最後に「元気でいなさいね」と声をかけていただいたときは、うれしさがこみ上げ「ああ、この方も私にとって聖母マリアだ」と思った出来事でした。

私がそうであったように、**どの人にも、あたたかさと慈愛に満ちたマリアが寄り添ってくれている**のだと思います。

血のつながりがなくても、たったひとりだけでも、たとえその存在がすでに亡くなっていたとしても。あるいは、本や映画の中の存在であったとしても……。

必ず、心に安らかさや希望を与えてくれる存在がいる。

そこに気づけば、たとえ思いどおりにいかないことやつらいと感じることがあっても、今日という1日を、またひたむきに進んでいけるのではないでしょうか。

ピエタの聖母マリアのような表情は、とても自分にはできないと思いながらも、そのようなあり方を生きる指針にしたいと自分に問い続ける日々です。

「私」は生きているだけで人とつながっている

人間はひとりだけれども、ひとりではない。

矛盾するいい方ですが、正直な実感です。
「いや、私はひとりぼっちだ」と反発したくなるときもあるかもしれません。

確かに皆ひとりで生まれ、ひとりでこの世を去《さ》っていきます。その意味で「ひとりぼっち」ですし、孤独感は誰にでも訪れます。

しかし、すべての関係が閉ざされた人というものは存在しません。皆、なにかしら誰かとどこかでつながっています。その意味で、「閉ざされた孤独」はないのです。

現実社会に目を向ければ、今私たちの命があるのは、家族や先祖がいるからです。

また、私たちが日々生活できているのは、衣食住で必要としているものを生産し、運送、販売してくださっている方々がいるからです。

たとえば、あなたが落ち込んだときに、カフェでおいしいコーヒーを飲んで心が癒されたとします。

そのとき、コーヒーを心を込めて淹《い》れてくれた人や、そもそもコーヒー豆を生産した人、運んだ人、焙煎《ばいせん》してくれた人など、あなたはすべての人とつながっています。そのコーヒーに込められたたくさんの人たちの思いが、あなたを元気づけてくれたわけです。

まだ会ったこともない、あるいは一生会うこともない誰かが私たちを支えてくれている。その意味において、私たちは生きているだけで、数え切れない人とつながっているのです。

私は今、ぜんそくの吸入薬をみるたびに、自分はひとりではないのだと強く思います。

あるとき、新しい吸入薬が開発され、それに変えてからは発作に苦しむ頻度が劇的に減り、発作への不安も激減しました。

もちろん、その薬の開発者にお会いしたことはありません。しかし、その方々の研究のおかげで、自由に行動できるようになったのですから、どれだけ助けられたかわかりません。その方たちのことを思うたびに、深い感謝が湧いてきます。

みえない誰かの努力や行動が、会ったこともない誰かを助けている。それも今だけではなく、未来の誰かの人生にも光をもたらす。

医療の分野に限らず、このようなことが、私たちのまわりにはたくさんあるのではないでしょうか。社会をつくっているそのつながりを思うと、私たちはひとりではないと強く思います。

「私」というそのひとりは、自立した人間であり、何者にも代えがたい存在です。

同時に「私」は、誰かに支えられたり誰かを支えたりしています。ひとりの「私」が自立しながら、お互いに支え合って生きている。その意味で、私たちはひとりだけどひとりではないのです。

なによりも、神様はいつも見守ってくださっています。

これは、キリスト教の「神」に限定しているわけではありません。くり返しになりますが、見守っているのは、生きとし生けるものの命を生かしている人智を超えた偉大な存在、サムシング・グレートです。日本の伝統的な表現でいうなら、「お天道様（自然）はいつもみている」といったところでしょうか。

身の回りの自然も含めて、実は味方が大勢いる。そこに気づけば今までとは違った感覚が湧いてくるはずです。

「誰かの命」があなたを強くする

教師とは、生徒から日々たくさんの気づきや力をもらえるありがたい仕事です。廊下《ろうか》で生徒たちとすれ違い、「こんにちは」と挨拶を交わすだけで元気が出ます。また、若い世代ならではの感性に驚き、触発されることもよくあります。

喜びだけでなく、時には悲しみや痛みも分かち合い、学校生活をともに送る日々の貴重さに感謝する日々です。

その中でなによりもつらく、受け入れられないのが、在校生や卒業生が病気や事故で亡くなるケースです。ご家族のお気持ちを考えると言葉もみつかりません。

神様はなぜ順番を無視して、若い人を先に逝《い》かせてしまうのだろう。自分にできることはなかったのだろうか。彼女たちの思いは、いかばかりだったろう。悲しみからなかなか立ち直ることができず自問自答を続けながら、祈る。そのくり返しです。

校舎の一角に、広島市内の風景を描いた1枚の絵がかけられています。

中学2年生のときに、急性心筋炎で旅立ったUさんの絵です。彼女が残した絵を美術部員が完成させ、コンクールで最優秀賞をとりました。市内を流れる太田川が伸びやかな筆致《ひっち》で描かれた絵の前をとおるたびに、「Uさん、今日もパワーをくださいね」と心の中で声をかけるのが私の日課です。

また20代の若さでこの世を去った卒業生Wさんは、いつも明るく前向きな女性でした。交通事故で命を落としたという連絡を受けたときには、ショックで事実を受け入れることができませんでした。

同じ教職の道に進み、交流が続いていた彼女をもっとサポートできたのではないか。なぜ、彼女にこんな運命が与えられるのだろうか。

答えは今も出ていません。でも、その問いを抱きつつ、なにもできなかった贖罪《しょくざい》の意味も込めて、この仕事に取り組んでいます。

太陽のようだった彼女の笑顔と、いつも前向きで優しかったその人柄を、私の一部として与えてくださいと祈りながら。

たとえこの世での年月は短かったとしても、瞬間瞬間に輝いた命を受け継ぎ、生きたくても生きられなかった彼女たちに恥じない生き方をする。そして、祈り続ける。

大切な人たちの命の終わりと向き合ったからこそ、そのように今思います。

胸に刻まれている言葉があなたの道を照らす

決断に迷うとき、苦しいとき、思い出す顔があります。

尊敬する方々や大切な人たちの顔です。その中には、もうこの世にはいない恩師たちや生徒たちもいます。

どうすればいいだろうと途方《とほう》に暮《く》れるとき、そんな人たちの顔がフッと心に浮かんでくるのです。


「あの人だったら、こんな行動をとっていたかもしれない」

「あの先生は、こうおっしゃるだろうか」

「彼女に恥じない選択をしなければ」

そうやって、進むべき道を選んできました。ですから、ひとりだけれどもひとりではない。そう思います。その筆頭が、40年前に他界した母です。

1928年生まれの母は、戦争に翻弄《ほんろう》されながらも最期《さいご》まで自分の生き方を貫こうとした人でした。

若いときは准看護師として働き、結婚後は、専業主婦としてリウマチを患《わずら》いながらも2人の子どもを育てました。家事全般、とくに料理が得意で、PTAや地域活動にも積極的に参加し、教育熱心な人でした。「家事が苦手な自分はとてもまねできない。家庭に入らず仕事を続けよう」と私は思ったものでした。

自立心があり、意志の強かった母には、今思い起こしても不思議なところがありました。小学校入学前、母がおもむろにこういいました。

「あなたの名前は、本当はひらがなななのよ」

それまで、自分の名前を「栞《しおり》」だと教えられてきましたから寝耳に水です。6歳の私にとっては大きな衝撃でした。

「なぜ、正しい名前を教えてくれなかったの？」と尋ねると、役所で漢字を受け付けてもらえなかったからひらがなで届けたけれど、不本意だったから今まで漢字を使い続けたとのこと。

「自分の子をだますなんて、この親はどういう人なのだ」と、子ども心に思ったものです。

また、小学1年生の2学期に転校した際には、前の学校の制服で通うように母にいわれ、大いに戸惑いました。しかし母は、「新しい学校は制服ではなくて〝標準服〟だから、これでいいのよ」と、平然としています。

逆らうということを知らなかった当時の私は、仕方なく以前の学校の制服で通い続けました。クラス写真には、ひとりだけ別の制服を着た私が写っています。

信念の強さがあったのか、人と同じでなくてもいい。少数派でもいい。そんなふうに考える人でした。人一倍、独立心が強かったのは、戦争で苦労したからかもしれません。その生き様《ざま》が、私の生き方の土台になっているのは間違いありません。

そんな母がくり返しいっていたのが、「あなたはもう少し、自信をもったほうがいいんじゃない？」ということでした。体が弱く、自己主張もあまりしなかった私が心配だったのでしょう。

「愛するよりも愛される人になりなさい」
「お母さんは勉強をしたくてもできない時代で苦労したから、あなたはしっかり勉強しなさい」
「これと思ったことは続けなさい」
「自分の信念をとおしなさい」

折に触れて、何度もいい聞かされてきた言葉です。

「姿勢をよくしなさい」「挨拶は、相手に聞こえるように」といった日常の細かなことも、よく指摘されました。

そして母が亡くなった歳を超えてずいぶん経た今も、どの道を選ぶか迷ったとき、置かれている状況を見直したいときに、自分の心を照らす灯のように、母の言葉が胸に宿るのです。

人生の岐路《きろ》に立ったとき、迷いや悩みが生まれたとき、あなたにも胸に浮かぶ顔、思い出す言葉があるはずです。

次に踏み出す一歩に迷うときにはゆっくり立ち止まり、心の中にある懐かしい顔や大切な言葉と向き合ってみてはいかがでしょうか。

私たちは自然の中で生かされている

解剖学者の養老孟司《ようろうたけし》さんは、ご著書や対談の中で常々こうおっしゃっています。

「現代人は、自分や他者という人間関係の中だけで完結しようとしているから苦しく、悩みが増幅されるのだ。人間は地球で暮らしているのだから、自然の存在をもっと意識するべきだ」と。

私自身も、ながらく自然の美しさに目を向ける余裕などありませんでした。身近な自然の存在に気づいたのは、ここ数年のことです。

ひとつのきっかけとなったのが、校舎の一角で放置されていた花壇です。

コロナ禍《か》で休校を余儀なくされた期間、生徒たちがいないガランとした校舎を歩いていると、荒れ放題の花壇が目に留まりました。それは、前々任の校長シスターがいつも手入れして、きれいな花を咲かせていた花壇でした。

「あぁ、私はすっかり忘れていて、荒らしてしまって申し訳ない」と思いながら近寄ってみると、中央に石盤が据《す》えてあります。その裏側をみて驚きました。そこには、その花壇が私たちの学年の卒業記念であることが記されていたのです。

これは、自分で再生させるしかありません。その日から少しずつ時間をみつけて、花壇の手入れをするようになりました。

すると、そこに自然のいとなみが展開されていることに気づきました。

蝶や蜂などの虫が飛んでくる。夜間になんらかの小動物が来て、手入れした土を掘り起こしていく。咲くのを楽しみにしていた花が開かず、しぼんでしまう。逆に、枯《か》れそうだった花が息を吹き返す。

美しい花々や花壇でくり広げられる小さなドラマを、私以外にも誰かがみていてくれる。そんな思いで手入れする日々です。

そうやって草花を育てているうちに、学生時代には、あまり見向きもしなかった校内の自然にも目が行くようになりました。

緑地に囲まれた校舎は、四季折々の変化をみせる樹木や草花に囲まれています。小高い丘の上にあるので広々とした空が見渡せ、気持ちのよい風が吹いてきます。

パンデミックで誰もが息を潜めたような日々を送っていた当時、自然に目を向ければ、いつでも豊かな恵みが与えられていたのです。

どんな時代にあっても、私たちは自然の中で生かされている。

そう気づかされた数年間でした。

都会でも地方でも、身近な自然に目を向けることで視点を変え、大いなる恵みに気づけるように思います。

アウトドア活動やガーデニングなどをはじめるのもいいのかもしれませんが、朝日や空を見上げる、土に触る、季節の風を感じるといったことからでかまいません。

私が日々続けている自然とのつきあい方も、ごくささやかなことです。

まず朝起きると、窓辺の鉢植《はちう》えに水をやります。対話するつもりで、1つひとつの植物の状態をみながら水の量を調整しています。

朝日の写真を撮るのも、毎日の習慣のひとつです。自宅か学校かで、昇る太陽を1枚パチリと撮るのです。これは、尊敬する神父様の習慣をまねてはじめたことですが1日たりとて同じ表情がありません。また、地上でなにが起きていても夜が明け、朝日は必ず昇ります。そのありがたさを感じながら、毎朝シャッターを押しています。

食事をするときでも、自然を感じることはできます。食べ物はすべて自然が生んだものですから。

さらに根本的なところからみるなら、私たちが着ている服や家、普段使っている家具や物などは、たとえそれが化学製品であっても、元をたどれば、自然とかかわっています。石油やガスなど、暮らしを支える化石燃料も同じです。

そういった視点でみれば、私たちは日頃なんと多くの自然に囲まれ、支えられているでしょう。

私たちも、そんな自然のいとなみの一部に過ぎません。また、時には、災害によって翻弄されつつも、人間は自然という存在がなければ生きてはいけません。

そこに気づけば、おのずと謙虚さが生まれます。そして、どんなときも、自然とともに生きているのだという安心感が湧いてきます。

第3章

変えられることを変える勇気をもつ

人は日々生まれ変わっている

高校生時代、生物の先生が授業でよくいっていたことが今も印象に残っています。

その先生はいつも、こうおっしゃっていました。

「人間の細胞は、日々生まれ変わっているんですよ」

10代だった当時は、「そんなものかなあ」と思ったものです。

しかし、20歳で洗礼を受けたとき、自分自身が本質から生まれ変わったような思いを体験し、先生の言葉を実感しました。

また今まで友人や仲間、卒業生たちが、それぞれのタイミングで大きな変化を遂《と》げていくのを何度もみてきました。

なによりも、中学校入学時はあどけなさが残っていた生徒たちが6年間の学びを終え、自分の進路を定め巣立っていく。その姿は、何度みても感動的で、人はこんなにも成長できるのだと大きな希望を感じます。

先日、高校3年生の宗教の授業であるテーマについて論じたのですが、こちらが教えられることも多く、「ここまで考えられるようになったのか」と感慨深く思いました。

人という存在は日々刷新《さっしん》され、生まれ変わる。計り知れない可能性をもっている。

「自分はこの程度」「あの人は、こんな性格」と決めつけず、相手や自分をいつも新鮮な気持ちでみる。これは、周囲とともに生きていくために大切なことです。

可能性というと、人から称賛されるようなわかりやすい成果を出すことだと思いがちですが、そうではありません。

人間には、いろいろな可能性があります。

自分の望む生き方ができるようになる。自分らしいと感じられる日々を積み重ねていける。暮らしの中で、周囲の人たちに貢献していく。これも、私たちがもっている可能性の一面です。

しかし、人間は万能ではありません。当然、あきらめなければならないこともあります。

私もこれまで、できなかったことやあきらめたことはたくさんありました。

その一方で、チャレンジしたらできるようになったこと、勇気を出して踏み出したら続けられたことも数多くあります。

たとえば、目立たない生徒だった小学生時代を知る人は、私が教師になったと聞いて驚くでしょう。しかも校長になったと知ったら、「信じられない」と誰もが目を丸くするはずです。新米教師の頃は、職員会議で発言するだけで声が震えていたのですから、自分でも不思議な思いです。

できないことは仕方ないとあきらめるしかない。でも、できることは続けてみよう。

そうやって進んできたら、できることとできないことの見極めが少しずつできるようになりました。

もちろん、チャレンジした分だけ失敗や間違いも数多くあります。

しかし、人は常に生まれ変わっている。

その言葉が、また歩き出す力をくれました。たとえ、やろうとしたことの半分しかできなかったとしても、とにかく挑戦してみようと一歩踏み出す勇気をくれました。

日々生まれ変わっている私たちに、可能性は常に与えられています。

どんな状態からでも、いつからでも、私たちは変化していけるのです。

変化のチャンスは常にある

新約聖書の中で私がもっとも惹かれるエピソードが、イエスを3回も裏切ったペトロの話です。

聖書には、心安らぐ美しい言葉や道を説《と》く教えのほかに、現代の私たちと変わらない苦悩や葛藤の物語も描かれています。ドロドロとした人間ドラマに、古代の人たちも今と同じように悩んでいたのだとホッとする思いです。同時に、彼らの深い苦悩から貴重な学びを得るのです。

聖書の登場人物の中でも、悩みが深かったのがペトロです。

ペトロは、イエスの一番弟子でした。イエスが捕らえられると、ペトロも仲間であることを疑われ、「お前は、イエスを知っているか」と3回尋ねられます。

しかしペトロは、そのたびに「知らない」と答えるのです。「知っている」と答えると彼も囚《とら》われ、処刑されてしまうのは明らかだったからです。

実は、イエスは事前に「あなたは私を3回裏切るだろう」とペトロに予言していました。図らずもその言葉どおりになり、ペトロは激しく泣いたと記されています。とっさのこととはいえ、なによりも大切な存在を裏切った。そんな自分の弱さを一番恥じたのは、ペトロ自身でしょう。

その弱さを、イエスはすでにみとおしていたのだと気づいたときの彼の心境はどうだったのか。それを思うと、なんとも表現しようのない気持ちになります。

しかしペトロは、そこから立ち上がり、自分が本当に選ぶべき道へと歩き出しました。そのあと、悔い改めたペトロは、再びイエスの弟子として人生をまっとうするのです。

彼は見違えたように、力強く人々を導きました。ペトロの最期は聖書には書かれていませんが、迫害を受け殉教《じゅんきょう》したと伝えられています。

聖書を読んでいつも感じるのは、**人間には素晴らしい再生力があるということです。**

人は、誰でも間違いを犯します。

しかし、必ずペトロのように立ち上がることができるのです。

そこに、人間という存在の底力を感じます。

弱さの中に、力がある。

ペトロの生き方は、改めてそう思わせてくれます。

自分の心に正直に。そうすれば扉は開かれる

**求めなさい。そうすれば、与えられる。
探しなさい。そうすれば、見つかる。
門をたたきなさい。そうすれば、開かれる。**
マタイによる福音書7章7節、ルカによる福音書11章9節

前に進むことに迷いやためらいを感じるとき、聖書にあるこの言葉に、いつも力をもらってきました。

無理かもしれないと思うようなことでも、時には、一歩踏み込んでみる。チャンスだと感じたら、自分の心に従って行動してみる。そんな小さな勇気が、人

生の扉を開けてくれます。

自分でも「あのときは、よく思い切って決心したな」と振り返る出来事があります。30代半ばで3人の子どもを夫に託し、パレスチナに2週間滞在したときのことです。

一番下の子どもは、まだ2歳。毎日、無我夢中で仕事に育児にと突き進んでいた頃でした。

滞在の目的は、パレスチナの女性支援に旅立った友人に会うためです。彼女の活動を応援するために、ぜひとも自分の目で現地の状況を確かめたいと考えたのです。ただし、夏休みを利用して休暇はどうにか取れたものの、子どもたちの世話は夫に頼まなければなりません。

ためらいながら旅行の話を切り出し、思いを伝えました。すると、同じ教職に就く夫は「子どもたちの面倒はみるから、行ってきたら」と背中を押してくれました。また、子どもや教会の仲間も応援してくれました。

それが、今年28年目を迎える国際協力NGO「サラーム（平和）」（パレスチナ女性を支援する会）のはじまりでした。

旅行中、家族のことはもちろん気になりました。しかし、パレスチナの女性たちの置かれた厳しい状況を目の当たりにした衝撃は現地だからこそ得られたことでした。

この旅行後、本格的に現地の女性が製作したポーチやバッグを日本で販売し、生活支援をする活動がスタートしました。

そうはいっても、旅立つ前は迷いに迷い、「親戚はなんというだろう。子どもたちは大丈夫だろうか」と相当悩みました。でも

「現地に行ってみたい」という思いは消えませんでした。

20代だったら、「もう少し先でもいいか」と、あきらめていたかもしれません。しかし40代が近づき、これからの人生でなにができるかを考えたとき、今しかないと思ったのです。そのとき、人からどうみられるだろうという不安や迷いは消えていました。

家族や周囲の理解があったからこそ、開かれた扉です。でも、それはあのとき、勇気を出して、自分から叩かなければ開かない扉でした。

もし少しでも、自分の中に前向きな思いがあるのなら、勇気をもって少しだけでも一歩前へ踏み出してみる。

そんな選択を、冒頭の言葉はあと押ししてくれます。

求めたら必ずなんらかの結果が与えられ、探せばなにかがみつかり、門を叩けば道

が開けます。

時にはそれが、自分が求めていたものや探していたものと違っていたということもあるかもしれません。たとえそうだったとしても、そこには、必ず次の希望につながる道が用意されています。

しかし、無理に変わらなければと思う必要はありません。また、周囲をみて焦らなくても大丈夫です。

なにかに追い立てられているように感じたら、「変えなくてもいいことを受け止める心の平静を与えてください」と祈りましょう。そうするうちに、こう変わりたいという思いが芽生えてくるかもしれません。

その小さな変化を楽しみながら、求め、探し、扉を叩く。変えられることを変えるために、そうやって淡々と進めたらと思います。

今のままでいい

現地でみたパレスチナの女性たちの状況は、日本からは想像もできないものでした。

まず、移動の自由がありません。ライフル銃をもった兵士が常駐し、許可証がなければ一歩も村の外へ出られません。何十年も村から出ていないという人もいます。また、勝手に井戸を掘ることもできないため、水は買うしかありません。

村の外へ行けないので慢性的に仕事がなく、とくに、女性たちの働き口はほとんどありません。多くの女性が、14、15歳で結婚して、7、8人の子どもを育てます。ですから、なおさら働くことが困難です。

それで、パレスチナの母から娘へ代々受け継がれてきた伝統文化のひとつ、手刺繍《てししゅう》を施した製品を販売して、少しでも収入が得られるよう支援することになったのです。

その前に、最初の一歩として後援会をつくろうと、仲間と集まりました。

そこで、まずは現地の状況を知っていただくためにニュースレターを作成することが決定。当時はまだパソコンもＦＡＸも身近ではありませんでしたが、使ってみようと購入し、たどたどしい操作でニュースレターをつくりはじめました。

ところが、タイトルをどうするかで、私たちは頭を悩ませることになりました。

海外支援は、誰もがはじめてのこと。手探りの中、皆不安を抱えている状態でした。あれこれと案は出るものの結論は出ません。

そのとき、ある神父様が「聖書に、こう書いてありますよ」と、ひとつの言葉を示してくださいました。

「わたしの恵みはあなたに十分である。力は弱さの中でこそ十分に発揮されるのだ」と。

そう、第1章でお話ししたイエスがパウロに与えた言葉です。
神父様は、こう続けました。

「自分たちは弱い存在だと思うかもしれないけれど、弱さの中にこそ力があるのだから、今のままでいいんです。今の恵みに気づくのも大事なことですよ」

私たちは、その言葉にハッとしました。「問題を解決しなければ」「強いメッセージを打ち出さなければ」と力《りき》んでいたけれど、気負わなくてもいい。まずは現状を受け止め、次になにができるのかを考えながら、ひとつずつ進んでいく。そういった姿勢こそ大切ではないか……。

そう気づいたのです。そこで、ニュースレターのタイトルを「今のままでいい」と名づけることにしました。

さすがに活動が進んでからは、現状を肯定するようなタイトルは変えようと、現在の「マイ・ル・ハヤーティ（命の水）」に変わりましたが、そんないきさつもまた当時を懐かしむいい思い出です。

サラームの活動では、1人ひとりの力は弱くても、その弱い者同士が集まると大きな力になるということを実感しました。

「弱さの中の力」を自分ひとりだけで発揮するのは、むずかしい部分もあるかもしれません。ペトロも、イエス亡きあと、ほかの弟子たちとともに布教活動を続けました。

なにかをはじめたいと思い立ったとき、私たちは、つい自分の非力さや経験不足を理由に尻込みしてしまいがちです。

しかし、今自分に与えられている力、そして、日頃つながっている人たちの存在に目を向ければ、すでに、たくさんの恵みをいただいていることに気づけます。

その恵みに着目できれば、時に間違いながらでも、助け合いながら確実に進んでいけるはずです。

苦労は楽しくする

サラームは日頃十数名で活動し、年に1、2回のニュースレターの発行、イベント出展や委託販売を行っています。

皆が仕事や家事をやりくりしながら集まっているので、週末がおもな作業時間です。

品質管理のほかに、値札つけやニュースレターの発送など、雑事を挙げればキリがありません。立ち上げ時には、現地スタッフも私たちも慣れない中、混乱もありました。

しかし長い活動の中で、「先生」や「○○ちゃんのお母さん」ではなく、お互いに名前で呼び合える貴重な信頼関係が築けたことはうれしいおまけでした。

仕事でもサラームの活動でも、意識しているのは、「苦労は楽しくする」ということとです。

逼迫《ひっぱく》した状況だからこそ、明るいムードやユーモアで場を和ませることが大切です。

そのことに気づけたのは、現地の視察もかねてエルサレムを訪れたときのことです。

友人のはからいで、現地で活動する国連休戦監視機構（UNTSO）を訪ね、職員の方々とランチをすることになりました。停戦を目指すというハードなミッションを担《にな》い、現地情勢の調整を続けている方々です。

オフィスで厳しい現状の説明を受けたあと、私たちは緊張しながら食事の席につきました。

しかし、いざランチがはじまるとガラッと雰囲気が変わったのです。

どの方の表情もやわらぎ、和やかなムードの中、冗談が飛び交います。さまざまな国籍の方たちが笑顔で自身の趣味の話を披露し合い、大いに盛り上がりました。

大変な状況にあるときこそ、ユーモアが大事だと実感したランチタイムでした。

以前、広島で被爆し、悲惨《ひさん》な体験をされた外国人神父様に生徒がインタビューした映像をみたことがあります。過酷《かこく》な出来事を淡々と語られる中で、偶然現れたネズミに心癒やされたというエピソードを優しい笑顔で話されていたのが印象的でした。

試練が訪れたとき、深刻になったり悲観的に考えたりすることは、いくらでもできます。しかしそんなときこそ希望を胸に抱き、楽しく苦労する。

心に決めている目標です。

暗い過去が光になる

シスター渡辺和子の言葉に「迷うことができるのも、ひとつの恵み」とあります。確かに、迷うのは選択肢が多い証拠ですから、天からの恵みといえるのかもしれません。

しかし迷いの渦中《かちゅう》にいるときは、恵みだなんてとても思えない日もあるでしょう。過去の私も、頭では理解していても、心ではそう思う余裕がもてないときがありました。

第2章でお話しした、子どもの吃音に悩んだときです。

大学を卒業して2年後に結婚し、身近に頼る人もなく子育てとはなにかも理解していないまま、手探りで育児をしていた時代。思いあぐねて、吃音について保育士さんに相談したところ、「親御さんが忙しいからじゃないですか？」という一言を突きつけられました。「真剣に悩んで相談しているのに、なぜ、そんなことをいわれなければならないのだろう」とショックを受け、私は転園を決意しました。

転園先を探していたときに、ある保育園の園長先生が「いろんな子がいて当たり前です。一度連れてきなさい」といってくださり、登園した翌日、吃音はあっさり治ったのです。まさに、狐《きつね》につままれた思いでした。

以後、プロテスタント系のその保育園には、小学校の学童保育も含め、長年お世話になりました。保護者活動も盛んで、革新的な考え方をする親御さんも多く、私たち夫婦も大いに刺激を受けました。

また、そこには今でいう「子ども食堂」のようなものが週に一度開かれ、家族で何度か利用し、利用者との交流をすることもできました。

当時は、育児のつまずきだと思えたことが、実は私たち家族にとっての光だったのだと思えるような出会いだったのです。
それを思うと、そのときはトラブルにしか思えなかったことによって、予期せず転機を与えられたことになります。

そのときはとてもストレスだけれど、あとで考えるとチャンスだったと思え、印象がガラッと一変することもあるものです。

ショックだった保育士さんの言葉も、その方なりの事情があったのかもしれませんし、私自身の受け止め方にも問題があったのかもしれない。今は、そうとらえていま

す。

過去の自分や起きた出来事は変えられません。でも、過去の見方や受け止め方は自分で変えられるのです。

迷ったときの選択法のひとつは、直感を大切にすることです。

転園先の園長先生の「いろんな子がいて当たり前」という言葉を聞いたとき、まさに、こういった場所が私たちに必要だと直感しました。

また感情的にならず、冷静に判断することも大事です。心が落ち着かなかったり焦ったりしているときには決断せず、まずは冷静になりましょう。

心が混乱したり動揺したりしたときは、アメリカの神学者ラインホルド・ニーバーの次の言葉が助けになるでしょう。

変えられないことを受け入れる心の静けさと、
変えられる時に変える勇気と、その両者を見極める叡智をお与えください。

ニーバーの祈り　渡辺和子訳

現状をありのままに受け止め、変えられる部分を模索することで楽になれたり、思わぬ突破口がひらけたりします。

そうやって希望をつなぎながら一歩ずつ進んでいくと、つまずきや失敗に思える出来事がいつしか光となって、人生を照らしてくれるときが来るでしょう。

かなわない夢をもち続ける

サラームの活動をはじめるときに「そういえば」と、あることを思い出しました。学生時代、いつか国際的な仕事をしてみたいと私は考えていたのです。

英語が好きだったこともあり、海外への憧れは昔から漠然《ばくぜん》とありました。香港留学で刺激を受け、思いはますます強くなりましたが、母親の看護もあり、結果的には、日本で教職に就く道を選びました。

いざ社会人になると、結婚や出産と慌《あわ》ただしく時間が過ぎました。そしていつの間にか、海外への思いもすっかり忘れていたのです。

しかし、身近な友人がパレスチナ支援をはじめると聞いたときに、「私はこの友の活動を応援することで海外とつながろう」と思いました。忙しさの中で、心の隅《すみ》に追いやっていましたが、自分は海外支援がしたかったのだと思い出せたのは新鮮な驚きでした。

この活動には、もうひとつの大切な思いがありました。

香港留学後、私は戦前・戦中を中心とした現代アジア史を学び直し、時には、裁判傍聴や講演会に足を運んだり、市民運動に参加したりしていました。その中で、広島という土地に生まれたこともあって、いつか平和の実現に向けて活動したいという夢が生まれていたのです。

といっても、ゼロからなにかを立ち上げるには、時間も労力も足りません。そんなときに、パレスチナ支援の話がもち上がったというわけです。以来、活動をとおしてパレスチナには3回訪れ、海外へ足を運ぶ機会も増え、世界がひらけました。時間はかかりましたが、思わぬ形で夢をかなえることができました。

仕事でも、時間を置いて少しずつ進めることで、開かない扉が開きました。

わが校では、コロナ禍での一時変更をのぞいて、高校の研修（修学）旅行は沖縄で実施しています。以前は別の土地でしたが、文化・平和・自然を含めた総合学習の一環として提案し、いくつかの段階を経て、実現させました。沖縄でしかできない貴重な体験は、生徒たちに強い印象を与えるようです。

韓国にある姉妹校への研修も、数年かけて実施にこぎつけました。当時の校長に直談判したところ、最初は却下されたのですが、隣国に学ぶ意義を伝え、承認を得ることができました。

生徒たちが大きく変化する様子をみると、あきらめなくてよかったと心から思います。

皆さんにも、「こんなことがしてみたい」「本当はこれがやりたい」といった夢や願いがあるのではないでしょうか。

なんらかの事情でそれがすぐにかなわないときは、そっと脇において、「いつかできたらいいな」と心に温めておくのもひとつの方法です。

「絶対にかなえるんだ」と執着すると苦しくなります。

しかし、いつかは……くらいの心づもりで、目の前のことに力を尽くしていると、なにかのタイミングで実現の機会が訪れるときがあります。

また、私のようにすっかり忘れていて、あるとき「そういえば」と思い出すこともあるものです。

チャンスの扉が開いているときは、それを逃さず一歩踏み出す。すると必ずなんらかの結果が出ます。すぐに実現できなくても、なにかしら新しい世界が開きます。

ですから、無理だとあきらめず「その日」のために、大切な願いを心の中にもち続けていただきたいのです。

細く、長くが大切

30代後半は、教員としても中堅どころとなり、仕事の姿勢について模索した時期です。肩に力が入りすぎて、いろいろなことが空回りする中、学内で研究会を立ち上げ、カトリック校の教育について同僚と激論を交わすこともありました。

家に帰ると、子どもたちと丁寧にかかわりたいと思いつつ、家事やもち帰った仕事もあります。もっとしっかりやりたいのにうまくいかない。そんな焦りや葛藤に悩み、このままでいいのだろうかと悩む日々。しかし、自分のなにを変えればいいかもわからず、まさに八方塞がりでした。

正直にいえば、どれも中途半端にしかできないのであれば、もうすべてやめてしまいたいと思いつめたこともありました。

しかし、母親はもちろんやめられるものではありません。また、望んで就いた教員を辞めるという選択も考えられません。サラームの活動も続けたいと願っていることです。身動きが取れないと感じる日々が続きました。

この時期、張り詰めた気持ちに優しい風を運んでくれた言葉が、「細くていいから、続けてごらん」という中学時代の恩師からの助言でした。

在学中はとても厳しく近寄りがたかったその恩師は、卒業後にお会いしたり、年賀状をやり取りしたりする中で、くり返しこの言葉をいい続けてくださったのです。

とにかく細くてもいいから、長くなにかを続けなさい。

先生が、どのような思いでこの言葉を伝えてくださったのか、直接伺ったわけではありません。
しかし私なりに解釈して、こう思い続けています。
無理はしなくてもいいから、やりたいと思ったことをできる範囲で少しずつ続けていきなさいということだと。

やり続けたからといって、その先に望んだ結果が得られるとは限らないでしょう。でも当時の私は、迷うたびに恩師の言葉を思い出し、目の前にあることに自分のやれる範囲で精一杯取り組もうと思い直しました。

そして、仕事を軸として、サラームの活動は週末の空いた時間に、本当に細く長く続けてきました。家事も最低限。それでも続ける。そうすると必ず、自分の行動が積み重なって行きました。

ただし、細く長く続けるとは、同じことをくり返すことではありません。
これまで1日たりとも同じ日はありませんでした。

授業ひとつとっても、同じ内容がくり返されることは一度もありません。生徒も私も、日々変化していきます。毎日さまざまな方との出会いがあり、また別れもあります。同じ相手であっても、その人の新たな一面に出会うことはよくあるものです。

そのような日々の変化を受け止めながら、自分なりにひたむきに歩き続けていけばいいのだと思います。

人によっては、それが違う道を選ぶという選択になることも、当然あるでしょう。それもよしと受け止めて、自分の思いを大切にしながら進んでいく。それが、細く長く続けるということなのではないでしょうか。「逃れる道」は備わっているのですから。

これも変えることを変え、変えられないことを受け入れるひとつの方法です。

時にはよりかかる

ここ数年、私には校長として判断がつきかねている問題がありました。校内に残るシンボル的な建物の老朽化対策です。

赤い屋根のその建物は、以前はシスターたちの住まいで、1955年建築の歴史的な価値のあるものです。解体するにも保存するにも資金は必要ですし、残せるものなら残したい。なにがベストなのか、素人《しろうと》には判断がつきません。

そんなとき、頼りになるのが、各分野で活躍する卒業生たちのネットワークです。資格志向、自立志向の強いわが校の卒業生たちは、医療関係や弁護士、研究者、公務員など、さまざまな職種に就いています。その中のひとり、建築家になった卒業生に相談しました。

すると彼女は、「まずは、勉強と調査からはじめましょう」と、あっという間に卒業生たちで学習会を立ち上げました。おかげで現在は関係者とも相談しながら、一部を残すという形で保存プロジェクトが進んでいます。

改めて、彼女たちの専門性と行動力を頼もしく思った出来事でした。

また必要に応じて、専門家に助けを求めることの大切さも再認識しました。

長い人生の中では時に、苦境《くきょう》に立たされたり、進む道に迷ったりするものです。

卒業生たちがそんな状況にあるときには、なにをしてあげられるだろうと悩みつつも、「どうしたん？　お茶でも飲もうか」と話を聞くこと、そして、祈ることくらいしかできません。

第三者の助けが必要な場合、本人がそれを望むなら、専門家や会社を紹介すること

もあります。ありがたいことに、これまで出会ったさまざまな業種の専門家との人脈が役立ちます。

もちろん、そのマッチングがうまくいくとは限りません。また、おせっかいになるのは不本意なので、むやみに紹介することはありません。

しかし、ひとりの力は限られています。女性が生きていく上で、随時、適切な専門家のサポートを得るのは重要だと感じます。

私も、これまで数多くの専門家の助けを借りてきました。

とくに切羽詰《せっぱ》まった状況では、そのサポートがなければ生活自体成り立ちませんでした。たとえば育児中は、当時は珍《めずら》しかった病児保育のプロに何度も窮地《きゅうち》を救っていただきました。働く女性にとって、子どもの病気時保育は頭の痛い問題。今は病児保育園も拡がってきたと聞くと、うれしい限りです。

また、ぜんそくなどいくつかの持病をもつ身としては、医師、看護師の存在も大きな支えとなりました。校内カウンセラーや産業医の方たちにも、公私ともに相談に乗っていただいています。

そのほかにも、多くの専門家の助けがあるからこそ今があります。

日頃から、自分のまわりの人間関係を大事にして、心配事や心のモヤモヤを早めに相談することが大切だと感じます。

ただし、サポートを得るときには、受ける側のリテラシー（知識を活用する能力）も必要です。

まず、相手が信頼できる人かを見極めることはいうまでもありません。過度な猜疑《さいぎ》心《しん》は不要ですが、最初から無防備に個人情報を出すのは避けたほうがいいでしょう。

とくに心の問題を相談する場合、少しでも疑問があったら、それを放置しないことが大切です。高額な報酬を要求されたり、依存させたりするケース、さらには無料で相談に乗り、安心させて依存させるケースもあるため注意が必要です。

自分自身の感覚を大切にする。そして、「1割の疑問」をもち続ける。この2点に留意すれば、むやみに心配する必要はありません。

「過ぎたことだから」とそのままにせず、過去の体験を相談するのも大事です。心に抱えている問題を解決するのに、遅過ぎることはありません。

自己主張が本当の会話のはじまり

40代の頃、プロジェクトのリーダーになったり、スピーチや会議で発言したりする場面が増えました。すると、「今までの考えは間違っていたかも」と気づくことがありました。

それまで私は、相手が話しやすいよう聞き役に徹《てっ》することが多かったのです。しかし、いざ自分の意見を表明する場面が来ると、自分自身の表現力の乏《とぼ》しさを痛感することになりました。また、本当は主張したいことがあるのに、自信のなさから二の足を踏んでしまうことも何度かありました。

そんな経験にもどかしさを感じて、普段の自分を振り返ると、いつも話を聞くばかりで、自分自身の考えや思いを相手に伝えてこなかったことに思い至ったのです。

日頃できないことが、いきなり会議やスピーチなどでできるわけがありません。

そこで、少しずつ「私はこう思うんです」「こんなプランを考えているのだけど」と相手に伝えるよう意識しはじめました。すると相手の方も私の話を受け止めて、新たな意見を出してくれます。そうやってボールを投げあっていると、会話が少しずつ前に進んでいきました。

結局、相手は単にうなずいてほしかったわけではなく、お互いの意見を交換し、理解を深めたかったのだと、そのとき気づきました。また**意見の違いがあったほうが、かえって新しいものが生まれる**ということも発見しました。

もちろん感情的になったり、一方的に主張を押しつけたりするのはよくありません。敬意を忘れず意見を受け止め、丁寧に思いを伝えることが大切です。

しかし、**意見の違いを怖れず率直に発言するほうが、自分だけでなく相手にとって**

も誠実なのです。

私の場合は、そこに気づくタイミングが遅く、今も自己主張は得意ではありません。聞くほうが7割、精一杯がんばって残りの3割で思いを伝えるといった状態です。しかし、コミュニケーションを取る上で重要なことに気づけたと思っています。

聞き手から話し手へ少しずつ変化すると、人と意見が衝突したり関係が悪化したりすることも当然増えてきます。「もっと違ういい方をすればよかった」「やはりいわなければよかったのでは」と、今も悩むことばかりです。

それでも、自分を前に押し出していくことを続けてきました。
その結果、多少ぶつかっても、関係を修復できることもわかるようになりました。
というのも、我慢してもんもんとするよりは、「あのとき、思い切って伝えてよかった」と思うことのほうが確実に多かったのです。

そうはいっても、同調圧力の強い日本の社会で自分の意見をいうことは、ハードルが高いと感じる人もいるかもしれません。また、自分の意思をどう伝えるか、迷いやためらいが生まれることもあるでしょう。

そんなとき、私は信頼できる人に相談し、意見を求めるようにしています。そこで客観的な視点を得て、自分の意思を再確認するのです。そうすることで、自信をもって意見をいえることも学びました。

これは、「慣れ」の問題もあるかもしれません。最初は練習のつもりで、聞き役から少しずつ話し手に移行していきましょう。そうやって経験を重ねるうちに、ちょうどよいバランスがみつけられるでしょう。

「変えられないこと」の中にも「変えられること」はある

あなたにとって、「変えられないこと」はなんでしょうか。


私にとって、人生で「変えられないこと」のひとつが、ぜんそくでした。

この病気とは、一生つきあっていかなければなりません。

「もし、ぜんそくでなかったら」と幾度《いくど》となく思いましたが、やがて、与えられたものを受け入れることを学びました。


しかしその「変えられないこと」の中にも、「変えられること」があったのです。

ひとつは、お話ししてきたように新しい吸入薬が開発され、発作がひどくなる前にコントロールできるようになったことです。

もうひとつは、体力的に無理だと思われた登山ができたことです。50代半ばのことでした。

わが校は、中学研修として鳥取県の大山《だいせん》登山を長く行っています。大山は初心者でも登れる山として人気ですが、中国地方の最高峰で標高は1709メートル。気圧の関係か、坂道を少し急ぎ足で登っただけでも発作が出る私の体力では、とうてい無理だと思われました。

しかし学年主任になり、思い切って挑戦することにしたのです。症状が軽くなっていたこともありますが、最後の機会として登頂できるかもしれないと思ったのです。とはいえ、万が一、登山中に発作が出たら命にかかわります。学校全体に迷惑をかけてしまうことはいうまでもありません。不安は募りました。

そこで、夏の本番に向けて4月から準備をはじめました。まず、登山用のスパッツやウェア、登山靴などをそろえるところからです。次に、毎日少しずつ坂道を上り下りする練習をはじめました。最初は恐る恐るでしたが、続けていくと着実に体力がついていきました。

そして、いよいよ登山当日。

天候不良で慌ただしい出発となり、せっかく買ったスパッツを忘れるというハプニングはありましたが、お守りの吸入薬をもって登山開始。連絡用にもった巨大なトランシーバーに応答する余裕もなく、必死に山頂を目指しました。

無事に生徒たちと登頂し、ホッとするとともに大きな達成感を味わいました（ただ、山はみるほうがいいと心から思いました）。

少しずつの鍛錬《たんれん》と必要なグッズの準備。そして最後は気力があれば、不安があったとしてもなんとかなる。ささやかな経験ですが、そんな確信が得られた出来事でした。

あなたが「変えられないこと」とともに進みながら、「変えられること」をみつけ、変えていけるよう心から祈ります。

第4章

品格のある生き方を心に置く

相手を思いやることを品格という

皆さんは品格とは、なんだと思われますか。立ち居振る舞い、言葉遣いがきれいである。育ちがよい人がもっているもの。いろいろなお考えがあるかと思います。

私は、筋の一本とおった生き方から醸《かも》し出される雰囲気。その人の人生の奥深いところからにじみ出る優雅さや風格。

そのようなものを品格ととらえています。

もう少しくわしく申し上げるとしたら、相手を思い、大切にする気持ち。内側からにじみ出る気品や美意識。凛《りん》として落ち着いた物腰やお互いを気持ちよくさせる所作。そして、優しく自分と他者をつなぐことのできるコミュニケーション力。

そんな特徴が浮かんできます。

どれも、一朝一夕《いっちょういっせき》で身につけられるものではありません。ですが、すぐにはかなわないまでも、品格ある生き方をひとつの目標として生きていけたらと考えています。

私がその指針としているのが、「心を清くし　愛の人であれ」という言葉です。これはノートルダム清心学園の校訓で、中高生時代からくり返し触れてきました。

考えてみると、「心を清く」することも、「愛の人」であることも、実際にはなかなかむずかしいことです。またその意味も奥深く、学生の頃からずっと自分に問い続けています。

学校では、「心を清くし」とは、物事の本質を見極めること。無垢《むく》の白さを求めるのではなく、深みのある色を求めることだと教えられました。まっさらでなにも知らない状態だけが「清い」のではなく、物事を深くみて極めていけば、そこに清らかな本質がみえてくるのだと説かれました。

一見ダークグレーのようにみえる混沌とした状況であっても、美しく澄み切った深いブルーに変えられる。

そう信じて、自分なりの志《こころざし》をもって進んでいく。

この言葉は、そのような生き方を示しているのではと考えます。これも、一生をかけて取り組んでいくことです。

あなた自身は、どんな生き方をしたいでしょうか。

こうありたいという生き方を、いつも自分に問い続ける。

そのような問いかけが、品格のある生き方へとつながる道なのかもしれません。

「隣人を愛する」の本当の意味

では、「心を清くし　愛の人であれ」の「愛の人であれ」とは、どういうことでしょう。

愛には、自己愛や家族愛、異性への愛や人間愛、動物・植物への愛など、さまざまなものがあります。カトリックの教えでは、愛とはアガペ（無償の愛）であるとされています。しかし、いざ実践となると、これもまたむずかしい場面ばかりです。

思いやりや優しさをもって、本当の愛とはなにかを考えながら行動する。

「愛の人」でいられるように祈る。

そして、「愛の人とは？」と自分自身に問いながら行動し続ける。

それが、日々できることではないかと考えています。

ただし、「こうあらねば」と一心に思い詰めると、誰でも疲れてしまいます。そうすると自分にも人にも厳しくなってしまい、さらに疲弊《ひへい》するものです。

だから、できるところからでいいのです。時には自分をゆるませながら、ユーモアや遊び心をもって、ちょうどよいバランスで進んでいくことの大切さを感じています。


ここ数年、愛読している作家若松英輔さんの『生きる哲学』（文藝春秋）の中に、ハッとさせられる言葉がありました。

「人間には誰しもが担わなくてはならない人生の問いがあり、それは他人に背負ってもらうことはできない」という一文です。


簡単に結果が得られるものではないからこそ、大切な指針として、自分自身に問い続けることが求められるのでしょう。そして、**品格のある人とは、常に自分自身の生き方を自分に問い続けている人なのでしょう**。

その核となるのが、「愛の人」であることの意味を問い続けることだと、今理解しています。

聖書では、「あなたの隣人を愛しなさい」と、くり返し説かれています。

ただし、そこには見落としてはならない視点があります。本来この言葉は、「隣人を自分と同じように愛しなさい」と書かれているのです。

つまり、**自分を放り出してまで人に尽くすのではなく、自分自身を愛で満たすことが重要だということです。**

20代の頃は、自分を愛するといわれても、今ひとつピンと来ませんでした。

自分を愛する余裕などなかったというのが正直なところです。

しかし、カウンセリングを学んだり、さまざまな出会いを重ねたりする中で、少しずつ変化が起きました。前にお話ししたように、自分にいつもバリアを張り、「こうみられたい」とこだわるのは、自分をないがしろにしているのではないかと気づいたのです。

自分の心の声に耳を傾け、時にはいたわり、その時々の気持ちを受け止める。

そうやって、自分自身をいつくしむことが、ひいては、他者への優しいまなざしにつながっていきます。

これまでの道のりは、少しずつ自分を取り戻し、他者へのまなざしを育んでいくプロセスだったように思います。

自分や他者を愛するために、自分自身をないがしろにしてはいけない。

そして、そのためには毎日の暮らしが基本となる。

少なくとも、今このことは腑《ふ》に落ちています。

相手に向き合う姿勢から品格はつくられる

品格のある女性というと、有名無名を問わず、何人ものお顔がすぐに思い浮かびます。

親しくおつきあいさせていただいている方もいれば、一度の出会いで強烈な印象を残した方、本や映画、音楽などをとおしてその人生や作品に触れて憧れている方もいます。そんな女性たちの生き方は、前に進む勇気を与えてくれます。

その中でも、実際にお会いしてそのあり方に感銘を受けたのが、ニュースキャスターの国谷裕子《くにやひろこ》さんです。

国谷さんは23年間にわたって、ＮＨＫ「クローズアップ現代」のメインキャスターとして活躍されたので、ご存知の方は多いでしょう。

わが校の創立70周年記念日に、国谷さんをお招きしたときのことです。当日は、前半がＳＤＧｓをテーマにした生徒たちとの討論会。後半が国谷さんの講演というプログラムでした。

テレビで拝見するのと同じ聡明さはさすがでしたが、感動したのは何十歳も違う生徒たちと真摯《しんし》に向き合う姿です。

登壇した生徒たちの発言をしっかり受け止め、同意できないところがあれば、「私はこう考えます」「それは考え直す余地があるのではないでしょうか」と率直に指摘する。

「まだ高校生だから」と手加減したり迎合《げいごう》したりせず、鋭い指摘も含めて、直球で相手と向き合う姿勢が清々しく、これこそ、品格あるあり方だと思いました。

また、丁寧に対応してくださる言葉遣いの１つひとつにも気品を感じました。

一方、普段テレビでみている著名人に対しても臆《おく》することなく、堂々と自分の考えを述べる生徒たちにも頼もしさを感じ、うれしく思ったものです。

以前、「礼儀正しいことは親切なことです」という言葉を、先輩から教えていただきました。

どんなに社会や技術が進化しても、人として礼節を尽くし、相手を大切に思って接する。その姿勢が、親切であることにつながり、結果的に、お互いが助けあい励ましあう幸せな関係につながる。そういった意味だととらえています。

年齢や肩書、性別にとらわれず、節度をもって、どんな相手にもフラットに、そして率直に接する。そのような品格ある振る舞いを目指したいものです。

品格のある人は、心の余裕をもっている

高校3年生の宗教の初回授業は、美しい所作について学びます。そのとき、テキストとして一部使わせていただくのが、禅僧枡《ます》野《の》俊明《しゅんみょう》さんの『禅が教えてくれる　美しい人をつくる「所作」の基本』（幻冬舎）です。

カトリックの学校なのに、禅から学ぶとは不思議だと思われるかもしれません。私は仏教系大学の通信教育で、宗教の教員免許を取得したこともあり、仏教にも興味をもち、授業でも取り入れているのです。とくに、禅には心を落ち着かせる具体的な知恵があるように思います。

品格ある人とは、心の余裕をもっている人かもしれません。いつもイライラ、セカ

セカしている人からは気品は感じられないものです。

ただし、いくら余裕をもとうと決めても、頭で考えているだけでは人は変われません。そこで所作を学ぶことで、生徒たちには、落ち着きのある凛とした女性になってほしいと願っています。

中でも、「挨拶、呼吸、姿勢、美しい文字を書く」の実践は、毎年必ず伝えています。つい慌ただしく過ごしがちな日々、自戒を込めてともに学びます。

ここでは、平静な心を保つために役立つ呼吸と、美しい文字を書くことについてお伝えします。

呼吸ひとつで余裕が生まれる

呼吸は、頭の中にある思いや感情をリセットし、落ち着きを取り戻すために役立ちます。意識を呼吸に集中させ、ゆっくり吐いたり吸ったりしてみましょう。ほんの数十秒、長くても数分で、モヤモヤしていた感情を冷静に受け止められるようになります。

私はよく、スキマ時間を活用して呼吸を意識します。

たとえば、起床してすぐ空をみながら、あるいは、ドライヤーをかけるときなどにフーッとゆっくり息を吐いたり吸ったりするのです。わずかな時間ですが、心を整え、自己コントロール力をつけるためにも、あなどれない力があると感じています。

わが校では、始業や終業のチャイムの間はその場で目を閉じ、自分の呼吸だけに意識を向ける「瞑黙《めいもく》」という習慣があります。わずか30秒ほどですが、情報がどんどん押し寄せる日常を遮断《しゃだん》し、心の落ち着きを取り戻す大事な時間になっています。

言葉を味わい、自分に取り込む

じっくり集中して字を書き、その言葉を味わうと心が静かになっていきます。

それを感じてほしいと宗教の時間にはじめたのが、生徒たちの心の糧となるような聖句を書き写すことでした。この本で紹介している聖句の多くは、授業中に書き写します。また時には、禅語の「和顔愛語《わげんあいご》」(優しい表情や愛に満ちた言葉を相手に贈ること)などの文字を書くこともあります。

毎回5分ほどですが、呼吸と姿勢を整えて書写する時間は、生徒たちも自分と静かに対峙しながらペン先を動かしているようです。

なぞり書きの本を活用したり、好きな言葉をノートに書き写したりしてみると、静かな時間を味わうことができるでしょう。

つらい体験が心に奥行をつくる

生きていく上では、時に、精神的に大きなダメージを受ける体験や、心の落とし所がみつからない出来事に遭遇《そうぐう》することもあります。

たとえば、組織や人づきあいの中で理不尽な扱いを受けた。友人や家族との関係がこじれてしまった。人に心無い言葉を投げつけられた。一生懸命取り組んだのに、大失敗してしまった……。

そんな出来事があったとき、「なぜ私が、こんな目に遭わなければならないのだろう」「どうして、こんなことが起きたのだろう」と思うでしょう。

しかし、その思いにとらわれ過ぎると、自分自身が苦しくなってしまいます。

私はいつしか、**考えても答えの出ない問題や思い出したくない記憶には、フタをしておくのもひとつの方法**だと思うようになりました。

もちろん、解決可能な問題に対処したり、必要に応じて専門家の手を借りて心のケアをしたりすることは大事です。しかし、起きた出来事は変えられませんし、努力しても解決しない問題はどうしてもあります。ですから、そういった事柄は心の奥にそっとしまいます。そして、日々やるべきことや心豊かになれるようなことに力を注いでいくのです。

だからといって、つらい記憶や問題が消えるわけではありません。でも、そうすることで感情が安定し、ほがらかな時間が増えていきました。そして、少しずつ過去や問題を受け入れることを学んでいきました。

そうやって歳を重ねることで、心の厚みや奥行きのようなものが生まれたのかもしれません。今は、なにか問題が起きて心が揺れたとしても、その揺れる自分をしなやかに受け入れ、最善の策を探しながら進んでいけるようになりました。

また、価値観や考え方が合わない人も、「そういう人もいるのだ」「こんな考え方もあるのだ」と受け止められることが増えました。「上から目線」でいっているわけではありませんが、人を許せる懐《ふところ》の深さが多少なりとも育まれたように思います。

結果的に、そんな生き方が自分自身を解き放ってくれました。

もし今、**あなたの手にあまる苦しみがあるとしたら、「変えられないこと」を受け入れるために、心の奥に場所をつくって収めておくという選択もあります**。

たとえ今は笑顔になれなくても、その場所を用意しておくことで少しでも気持ちが楽になれるのであれば、また心から笑える日が来るはずです。

あなたの祈りが大河の一滴になる

わが校は、原爆で焦土となった広島がようやく復興しはじめた頃、アメリカ人のシスターたちによって建学されました。そこには、「この地に、より広く教育の機会を」との願いがありました。

このとき、「心を清くし　愛の人であれ」と合わせて、もうひとつの教育理念が掲げられました。それが、「心の平和をもつ生徒を育てる」ということです。

その一環として力を入れている平和教育で、品格のある女性たちに多く出会ってきました。ご自身の戦争体験を語り継がれる女性たちです。

生徒たちは、研修旅行や講演で、沖縄や広島の女性から当時の体験を直接伺います。体験されたご本人にとって過去を思い出して話すのは、おつらいに違いありません。しかし若い世代に未来への希望を託したいと、どの方も心を尽くして語ってくださるのです。生徒の質問に対して、真摯に答えてくださるその姿にいつも感銘を受けます。

広島という土地に生まれた人間として、私もまた、平和を求める姿勢をもち続けたいと願ってきました。そしてこれまで、平和のために活動する女性たちの生き方に影響を受けてきました。

たとえば、ある日のニュースで、アメリカで活躍するジャズピアニスト穐吉敏子《あきよしとしこ》さんの映像に思わず見入りました。

穐吉さんは当時93歳。広島や水俣《みなまた》をテーマにした作品も多く発表されている高名なピアニストでした。その穐吉さんが、「音楽は、権力（社会の問題）に抗う手段である」といった発言をされたのです。凛とした姿と発言に、心を打たれました。

女性の置かれた立場や世界の現状を変えるために闘う女性たちにも、また影響を受けています。自分にはなかなかできないからこそ、憧れるのかもしれません。

私自身はみずからやるべきことを果たしつつ、遠くからですが、女性や弱者のために活動する方たちにエールを送りたいと思っています。

また、**自分も弱者であるという視点をもちながら、弱い立場の人々に共感し、もっているものを分かち合う心、世界で起きていることに関心を向け、自分なりの表現をしていく心をもちたいと願っています。**

ただ、私たちが「やるべきこと」は、身の回りの小さなことからでいいとも感じます。というのも、私自身がそうだったからです。

留学や大学時代を経て、社会問題に関心をもつようになっても、30代半ば頃までは実際に活動する余裕などありませんでした。またサラームの活動も、仕事や体調と相談しなければ、続けられませんでした。

つまり、自分のできる範囲でできることをしてきただけなのです。

ボランティアや社会貢献活動をやらなければと意気込んでも、自分自身や周囲にしわ寄せがいったら本末転倒です。ですから、ごく身近なことでいいのです。たとえば、新聞やニュース、地域の活動に目を向けるだけでも、社会とつながる第一歩になります。

また、ゴミの分別や省エネに日々取り組む、フェアトレードや地産地消《ちさんちしょう》など環境や人権に配慮した商品を買うといったことも、社会をよくするための一助になります。

保育園や幼稚園の保護者活動や、学校のPTA活動も地域社会への参加です。理念に共感するNPOやNGOを応援するのもひとつの方法ですし、それらの情報を誰かに伝えることも大事なアクションです。

あるいは、地元の歴史や社会課題に興味をもち、調べてみるのもいいでしょう。

社会貢献はどんな形でもできるということを、ある卒業生が教えてくれました。中学1年生で白血病を発症し、厳しい闘病の末に復学。無事に卒業していったTさんが、こういったのです。

「私は輸血によって助けられました。ただ治療の関係で献血はもうできません。でも献血の大切さを伝え、呼びかけることならできる。だから、それをやっていきます」

今、歯科医として活躍しているTさんには、時々講演をお願いし、生徒にボランティアの大切さについて伝えてもらっています。

ひとりの力は弱く、小さいかもしれません。
それでも、「大河の一滴」にはなり得ます。

自分にできることを続けていく。
そして、学び続け、祈り続ける。

その姿勢が、平和へと続いていくはずです。

第5章

日々の暮らしをいつくしみ、人生を愛する

心の余裕が自分を愛《め》でるということ

もう40年ほど前になります。結婚式のとき、恩師であるシスターから次の言葉を贈っていただきました。

「人生には、余裕が必要です」

若かった当時は毎日が精一杯で、「余裕などもてるのかしら」と思ったものです。想像どおり、子育て中は立ち止まる暇もない毎日が続きました。

少しゆとりがもてるようになったのは、40代後半を過ぎてからでしょうか。いつもキリキリしていたときにはみえなかった相手の気持ちや、誰もが納得のいくスムーズな物事の進め方がようやくみえるようになりました。

そのときはじめて、**余裕をもつとは、自分のキャパシティを空けておくことだと気づきました**。

目の前のことだけに追われるのではなく、少しだけでも立ち止まる時間をつくり、今を振り返る。そういった作業によって自分の中にスペースが生まれます。するとと結果的に、自分も周囲の人も追い詰めずにすむのです。シスターの言葉の意味を、今噛みしめています。

といっても、普段それができているかというと自信はありません。余裕をもって過ごすのは、いまだに〝目標〟です。しかし、日々の中で余裕を意識することで、自分自身を振り返ることができたり、アイデアがふと湧いたりするようになりました。

ですから、たとえば休日は、家でのんびり過ごす時間も確保する。ギリギリの進行で計画を立てず、アクシデントがあっても対応できるようにしておく。忙しくても、

お茶をゆっくり飲んだり自然を愛でたりする時間をつくる。そんなことを意識しています。

ただ、余裕のある生活をしようと思っても、実際には、なかなか時間が取れない場合もあるでしょう。

そんなときは毎日のルーティンの中で、工夫をするのもよい方法です。

私の出勤後のルーティンは、4つの日めくりカレンダーをめくるところからはじまります。シスター渡辺和子、マザー・テレサ、フランシスコ教皇、スヌーピーの4種類ですが、気づきや癒やしにつながる名言が書かれており、日々の指針になります。

解説を読んで深くうなずいたり、「そうありたいけれど、まだむずかしいかも」とつぶやいたり、その日の心のバロメータにもなっています。

たとえば最近では、「大切なのは、どれだけの愛をその行いに込めるかということです」というマザー・テレサの言葉に共感しました。

お話ししたように、朝は遅刻してきた生徒が来室することもあります。ですから、彼女たちの心に少しでも余裕をもたらしてくれるようにと祈りつつ、目に留まりやすい場所に日めくりカレンダーを置いています。

自分を愛するとは、そうやって心のゆとりを自分自身につくることでもあると感じる日々です。

自分を愛する一歩はちょっとした工夫から

暮らしの中の何気ない習慣を変えたり、毎日に小さな楽しみをつくったりすると、それだけで新しい自分に出会えるような期待が生まれます。毎日の生活でそうやって自分を応援する工夫が、結果的に自分を愛し、いつくしむことにつながります。

ここでは、私が普段心がけていることの一部をご紹介します。

1つひとつは何気ないことです。しかし、思うように結果が出なくても、誰かが認めてくれなくても、幸せだと思える瞬間を積み重ねていくと、自分の可能性に希望を感じながら日々を過ごせます。

身近な植物と対話をする

私の朝は、ガジュマル、ハイビスカス、ブーゲンビリアなどの南国植物や観葉植物、鉢植えの花々との対話からはじまります。自然の大切さは第2章でお伝えしたとおりですが、もっとも身近な自然とのつながりが、家の中にある花や観葉植物との対話です。

「おはよう、今日も元気でいてくれてありがとう」「あら、水をやりすぎた。ごめんなさい」「花びらが散ってしまった。これまでありがとう」など、葉や花の様子をみて心の中で声をかけながら、必要に応じて水をやります。つぼみが開くと、疲れていてもほっこりして笑顔になります。

以前は枯らしてばかりだったので、できるだけ育てやすい観葉植物から再チャレンジしました。枯れる原因は、水のやりすぎです。人間と同じで、むやみに与えればいいというわけでなく、対象の個性を見極めることが大切なのだと学びました。

私たちは、本当は大いなる存在に見守られています。しかし、悩みや心配事にしか目線が合っていないと、その恩恵を見逃してしまいます。自然の恵みを思い出し、視点を変えるためにも大切にしている朝の習慣です。

ベランダや庭で花や野菜を育てたり、キッチンでミニ野菜を栽培したりするのもおすすめです。

髪を整える

2、3カ月に一度、美容院で髪を整えていただく時間は、ゆったりと落ち着いて、またリラックスできるぜいたくな時間です。

以前は美容院に行く時間も惜しく、髪は半年近く伸び放題だったこともありました。しかし今、人になにかをやっていただくこと、リフレッシュすることの大切さを改めて感じています。ヘアスタイルを変えて気分を一新させ、自分を元気づけることができるのも、美容院ならではのよさです。

美容院での何気ない会話も、楽しみのひとつ。以前担当していただいた美容師さんは近所のグルメ情報をいつも楽しそうに教えてくださるので、聞いている私までうれしくなったものです。美容院に限らず、しがらみや損得勘定なしに楽しいひとときを分かち合える方々との会話や出会いもまた、元気をくれます。

とくに、ほかの誰かの世話はしても、自分自身が誰かにケアしてもらう機会が少ない私たち女性にとって、このような機会は貴重です。美容院やマッサージなどで、**人の力を借りて自分を癒やしたり整えたりする時間をつくるのも、自分を愛することにつながります**。

面倒なことは楽しむスイッチを入れる

溜まった洗い物を前にすると、誰もが思わずため息をつきたくなるのではないでしょうか。億劫《おっくう》な気持ちを変えるために、スイッチを入れる方法を考えました。

気分の切り替えに役立つのが、流し台の前に置いている足つぼマットです。

足つぼマットに乗ると足裏を刺激され、自然に気分がシャキッとします。
次に目を閉じてフーッと息を吐き、呼吸を整え、「さあ、きれいにしましょう」「よし、今から洗いますよ」と声をかけて洗いはじめます。洗っている間は、腹式呼吸を意識することも忘れません。

また、友人の海外土産でもらって以来、柄つきのスポンジを愛用し、少しでも片づけの時間が楽しくなるようにしています。

面倒だと思うのか、「さあ、やろう」と思うのかで、同じ時間が変わってくるので不思議です。

手のケアで心も愛でる

肌が弱いので、手をケアするためにハンドクリームは欠かせません。作業の手を止めて、自分の肌の感触を確かめながらクリームを塗る。そんなちょっとした行為が、時間の流れやリズムを変えるのに役立ちます。とくに、よい香りのハンドクリームを使うと、香りの力で癒やされます。

女性は、アルコール消毒や手洗い、水仕事で手が荒れがちですから、こまめなケアは自分をいたわるひとつの身近な方法だと感じます。

食べ物から幸せをいただく

私にとってなによりの気分転換が、外食です。普通はいいことがあったときに、ごほうびとして好きなものを食べるのかもしれません。しかし私は気分が落ち込むと、普段がんばっている自分へのごほうびとして外食します。

とくに好きなのが、広島県民のソウルフードであるお好み焼きです。忙しさもあってひんぱんに行けないのですが、その分、外食やテイクアウトする際にはプロの技に感謝しながらいただいています。

家では、お気に入りの冷凍ナンをストックしておき、トースターでフワッと焼けたナンの甘さに幸せを感じています。「あぁ、おいしい」と噛みしめながら好きなものをいただく。そんな小さな幸せが元気をくれます。

愛しいものは目に入る範囲に置く

片づけは苦手ですが、好きなものを身近に置くことは意識してきました。日頃ともに過ごすものだからこそ、元気づけてくれるもの、思い出のこもったもの、優しい気持ちになれるものを選んでいます。

お気に入りのポーランド製マグカップで、コーヒーをいただくのが朝の楽しみのひとつです。

サラームで販売している刺繍製品も、バッグやポーチ、ペンケースなどを愛用しています。手刺繍の温かみを感じながら、製品をつくった女性たちや現地スタッフ、仲間の笑顔を思い浮かべ、物づくりの素晴らしさのお裾分けをいただいています。

また、フェルメールの絵画が大好きなので、拡大鏡や絵葉書などフェルメールグッズをそばに置き、作品の少女と目が合うと勝手に（もちろん心の中で）会話をしています。ほかにも、第2章で取り上げたイエスを抱き上げる聖母マリアの姿を表した像、ピエタもいつも目に入る場所に置き、聖母マリアの生き方を思い出しています。

語らいの時間を大切にする

さまざまな方と語らう時間も、学びやリフレッシュの場として大事にしています。**会話をとおして自分の知らない考え方や社会の一面を知り、自分自身の新しい一面について気づかされるのです。**さらに気の置けない友人や仲間たちと他愛もない話をしながら和やかなひとときを過ごすと、またがんばろうと思えます。

家庭でゆっくり話す時間が取れなかったり、ギスギスした雰囲気が流れたりするときは、「ティータイムにしよう」と声をかけ、家族でリビングに集まりお互いの状況を話すようにしてきました。この習慣は、夫と2人暮らしになった今も続いています。

孤独を味わう

心に余裕がなくなると人とのつながりを忘れてしまい、ふと寂しさや孤独感が訪れることがあるものです。ただ、そこで視点を変える習慣がいつしかできました。どんなときも必ず、見守ってくれている存在がいると思い直せるようになったのです。

そのためにも、**ひとりになって自分の心をみつめる時間をもつことも意識しています。誰かに見守られているという感覚は、ひとりでいるときに湧いてくることが多いように思うからです**。

たとえば、仕事が手を離れてホッと一息ついたときや、部屋で静かに思索しているとき、あるいは、思いついたことをノートに書き留めたりしているとき、多くの人に支えられていると気づいてハッとします。誰かと語らう時間と同じくらい、ひとりで過ごす時間をできる限り大切にしたいと思っています。

どんなときも「夢中」を追い求める

卒業生との関係は「教師と元生徒」ではなく、同じ女性同士。お互いの人生に敬意を払いながら対話し、ともに成長できたらと思っています。実際、彼女たちの生き方はいつも新鮮な刺激を与えてくれます。

50代に差し掛かった頃、ある卒業生が韓国アイドルのコンサートに誘ってくれました。

彼女は、好きなアーティストのコンサートやスポーツ選手の大会観戦を軸に1年の計画を立て、その日を励みに仕事をしています。それが人生の喜びであり、そのために仕事をしているとのこと。いつもいきいきと人生を謳歌《おうか》している女性です。

そんな彼女からすると、私は堅苦しい人生を送っているようにみえたのでしょうか。

「先生はなんのために生きているの？　好きなことを、第一にする人生も楽しいですよ。働いてばかりいないで、ワークライフバランスを改善しましょう！」と、声をかけてくれたのです。せっかくだからとコンサートに足を運んでみて、その世界にすっかり魅了されました。

誘われるままファンの集まりにも参加すると、年代もバックボーンも違う女性たちが好きなアーティストの話で盛り上がっています。こんなに楽しい場もあるのかと驚きました。

40代半ばから好きだった韓流ドラマの影響もあり、韓国には何度か足を運びました。母を看取ったあと、早く結婚し、そのまま育児に突入したので、今はそういった場所で青春時代のやり直しをしている気分を味わっています。

いつも頭にある懸案事項や悩みをいったん忘れ、純粋に好きだと思うものに触れると、理屈抜きに活力が湧いてきます。

とくに、体の衰えを感じるようになる**40代、50代は、なおさら心浮き立つ時間が必要です**。この頃、私も突発性難聴《とっぱつせいなんちょう》や五十肩を経験しましたが、体の不調と折り合いをつけながら進むためにも、楽しい時間は助けになりました。

旅行を兼ねた博物館・美術館めぐりも、また大切な恵みの時間です。

常に、心に置いている問いの答えを探すためにも、一生学び続けたいと思い、旅行先ではできるだけ教会や寺社などの歴史的な建造物、博物館や美術館を見学するようにしています。

「博物館浴」という言葉がありますが、人類の英知が詰まった博物館で心が癒される体験を何度もしました。先人たちのいとなみによって今の私たちがあるのだと実感でき、深い感謝が湧いてくるのです。

この時間が大事な学びや気づきとなり、仕事や日頃の活動にも生きています。

どんなときも、知識は自分を助けてくれます。目の前の課題に取り組んでいくためにも「博物館浴」は力を与えてくれます。

その一方で、家では好きなアーティストの動画や韓流ドラマをみて息抜きしますし、スポーツ中継や紀行番組もよくみます。先日は、溜まった家事をあと回しにして、気になっていた映画をみに行き、心の栄養補給をしました。

人生で、使える時間は限られています。

しかも、その時間にできることはひとつです。なるべくみたいものはみておく。やりたいことはやる。

何事も自分をあと回しにしがちな女性が、自分自身を勇気づけながら進んでいくために、好きなことに夢中になる時間は心強いあと押しとなるはずです。

書くことが人の縁をつむぐ

一昔前まで、わが家の年末の恒例行事は、夫婦で年賀状を作成することでした。夫婦合わせて450枚。夫が彫った版画を私が1枚ずつ刷るので、まる3日がかりです。今ではさすがに、版画の画像データを印刷するようになりましたが、大変だけれども楽しい暮れの風物詩でした。

これは、母の影響です。くり返し「お世話になった方には、必ず年賀状を書きなさい」「年賀状は信頼関係のひとつの証。毎年欠かさないように」といわれて育ちました。その言葉どおり、どんなに忙しい時期も、年賀状だけは欠かさず送り続けてきました。

お世話になった幼稚園の園長先生や小学生時代の担任の先生への年賀状など、大人になるまで続いたことはいい思い出です。

1人ひとりの顔を思い浮かべながら、一言ずつ手書きのメッセージを添えていきます。もともと書くことは好きですし、慌ただしい年の瀬に相手の顔を思い浮かべながらペンを走らせていると感謝が湧いてきます。

年始には、いただいた年賀状をみるのも恒例の楽しみです。ご高齢だったり遠方に住まわれていたりして会えない方も多く、だからこそ大切にしたい習慣です。

普段の会話も大事ですが、あとあと読み返せる文章でのメッセージは、話し言葉にはないよさがあります。何気ないメモや伝言に相手への気遣いやあたたかみをさりげなく添えたいと心がけています。

ほかにも楽しみにしているのが、折に触れて義姉から届く「カミガキタイムズ」。身内の近況やうれしかったことを、イラストも添えて手書きで面白おかしく伝えてくれるハガキです。新聞の読者欄に主婦目線の投書をよく掲載される義姉ですが、独特のユーモアがあり、いつも元気をもらいます。

夫は5人兄妹で、父親を早くに亡くしました。長女だった義姉は、その明るさで兄弟をまとめてきたそうです。主婦業のかたわら、時折送ってくれる手作りジャムやカミガキタイムズをとおして家族をつなげてくれています。

仕事や社会活動をとおして活躍する女性も素敵ですが、義姉のように暮らしを楽しみながら、周囲の人を笑顔にする生き方もまた素晴らしい。憧れる生き方のひとつです。

「蜘蛛《くも》をみたら私だと思って」

母が病《やまい》に倒れて余命宣告を受けたのは、大学4年生のとき。留学を終えて就職活動をはじめるタイミングでした。約1年間の看病の末に看取ったあと、頼る人のいない心細さと孤独は、時間を経ても消えることがありませんでした。

もちろん折に触れて声をかけ、助けてくださる方は何人もいらっしゃいましたし、家族や仲間たちも頼りになる味方でした。しかし、普段は平静を保っていられるものの、ふとした瞬間にいいようのない寂しさが訪れるのです。

時間の経過が薬代わりになるという意味の「日《ひ》にち薬《ぐすり》」という言葉もありますが、時が経つほどつらさが増すこともあるので、私には万能薬ではなかったようです。

もう母が叱ってくれたり、励ましてくれたりすることはないのだ。そう思うと、育児の心細さに揺れているときなどは、ひとりきりの部屋で「お母さん！」と呼びかけて泣くこともありました。

やっと吹っ切れたと思えるようになったのは、三十三回忌を終えたあとのことです。そのあとすぐ、父が倒れてひと月ほどで旅立ち、人生のタイミングとはこういうものなのかと思いました。

私たちは、別れを避けて生きることはできません。

しかし、亡き人が残したものをとおして、つながり続けることができます。

そのひとつが、大切な人が生前語っていた言葉です。これまでにお伝えしてきたとおり、なにかに迷ったときには母の残した言葉を思い出し、道標としてきました。

母は、こんな言葉も残してくれました。病状が進み、本人も最期を意識しはじめた頃のことです。ふと、こういいました。

「蜘蛛をみたら、私がおると思うたらいいんよ」

私はなんと答えていいかわからず、とっさに「なに、いいよるん。弱気になったらいけんよ」と答えました。今思えば、「そうだね」と受け止めてあげられれば、母も安心できたでしょう。しかし、とっさに出てきたのはそんな言葉でした。

「わかった」というと、やがて訪れる別れを認めてしまうことになると思ったからかもしれません。

未熟だった当時は、母の言葉を否定することも多く、そのことでかえって母を追い詰めたかもしれないと悔やまれます。それでも、自分なりに精一杯だった日々。最後の時間に交わした言葉の1つひとつを今でも大切にしています。

母亡きあと、家の中で小さな蜘蛛をみかけると、「お母さん、私をみてるの？」と

思うようにしてきました。たまに、大きな蜘蛛にギョッとして「もう、やめて」といいたくなるときもあります。

しかし、母が自分の存在を蜘蛛に託してくれたおかげで、随分助けられたことに変わりはありません。

残されたものをとおして、大切な人とつながることもできます。

私が今も使っている卵焼き器は、料理上手だった母が愛用していたものです。ほぼ「50年物」なのでみた目もかなり古びて、子どもたちには「まだ使ってるの？」と驚かれます。

でも、この卵焼き器を使うたびに、料理下手な私が少しでもおいしい卵焼きをつくれるように助けてくれているかもしれないと心強く思ってきました。

母はきっと、残していく子どもたちが心配だったのでしょう。身近に置いているいくつかの形見をみるたびに、「なんとかなっているから大丈夫よ」と伝えながら進んできました。

私たちは、大事な人との別れをくり返しながら生きています。

死別もあれば、卒業や引っ越し、転職などで別れざるを得ないこともあるでしょう。

特別だと思っていた相手から関係を絶たれて、絶望することもあるかもしれません。

自分が抱える寂しさや孤独を、時には正面からギュッと抱きしめることも大事です。

しかし、その悲しみが重すぎたらひとりでは抱えきれません。

寂しさや孤独を、肩のあたりにヒョイと乗せられるくらいの軽さに変えて歩いてい

く。その手段をみつけることも生きる上では大切です。

悲しみを全部なくすことはむずかしいけれど、軽くすることはできるのではないかと、経験から学びました。

大切な人が残してくれた言葉やものが、その道のりを支えてくれます。

すでにあなたは希望を手にしている

数年前、同級生の訃報が届きました。

名前を聞いて、すぐ心によみがえったのは彼女の笑顔でした。記憶の中の彼女は、いつも笑っていて、周囲を明るくしてくれていたのです。その人生は短かったかもしれません。しかし、素敵なものだったのではないかと思いました。

葬儀に集まった同級生と、「彼女はいつも笑ってたね」「いい笑顔だったよね」といい交わしながら見送りました。

この世を去る前に一生を振り返ったとき、自分はどんな顔をしているのだろうか。同級生を送ったあと、そう考えてみました。彼女と同じように、たくさんの笑顔がある人生でありたい。笑顔を思い出してもらえる人生でありたいと、そのとき感じました。

ただ私自身は、どちらかというと真面目で笑顔の少ない学生で、30代はじめ頃までは大笑いすることもありませんでした。子どもたちにとっては小言の多い母親だったと思います。

しかし、30代後半を過ぎた頃からでしょうか。笑っている時間が増えました。子どもたちとお笑い番組をみてケラケラ笑ったり、好きなものを食べて笑顔になったり……。そんな時間が多くなったのです。若い頃の自分が今の私をみたら、きっと驚くでしょう。

いつも眉根《まゆね》を寄せてがんばっていた毎日に、笑顔が増えたのはなぜか。考えてみました。

日々、思うようにいかないことや落ち込むことがあるからこそ、先ほどお話ししたように、できる範囲で気分の切り替えを意識する。好きなことをする時間をつくる。そんな工夫をしてきました。その積み重ねが、今をつくったのかもしれません。また趣味やサラームの活動など、やりたいことを自分なりに続けてきたおかげかもしれません。

もうひとつ挙げるとしたら、確信はもてなくても、未来に希望をもって進んできたからだと思います。

迷い多き時代だった30代半ば、歌手の加藤登紀子さんのコンサートでハッとする言葉に出会いました。

加藤さんは当時50代半ば頃でした。ベリーショートに赤い口紅が似合う人生の先輩は、比較的若い年齢層が多かった客席に向かって、ニコニコしながらこうおっしゃったのです。

「50代は素敵よ。みんなも待ってなさいね」

当時は、「今もこんなに大変なのに、将来はどうなるのだろう」と思いながら、もがいていた頃です。

それなのに、ステージでキラキラ輝いているアーティストは、「50代になるのを楽しみに待っていて」と語りかけます。加藤さんの言葉を半信半疑で受け止めつつ、それでも、ひとつの希望が灯ったような気がしたものでした。


ありがたいことに、見渡してみると周囲には、こんなふうに生きたいと思うロールモデルがたくさんいました。女性の人生の縮図のような母校の先輩や同僚、先生方、サラームの活動で知り合った仲間や友人たちです。

また、本や映画、歴史の勉強などをとおして出会った女性の中にも、こうありたいと思うロールモデルが大勢いました。その方たちの1人ひとりが希望となり、道を照らしてくれました。


もし今、笑顔になれない状況があるとしたら、あなたのまわりの希望を探してみてください。

大丈夫、私が経験から保証します。**必ず希望の光となる存在がいるはずです**。

実はすでに、あなたが誰かの希望なのかもしれません。

今を生きるために逃げてもいい

何事にも時があり、
天の下の出来事にはすべて定められた時がある
生まれる時、死ぬ時　黙する時、語る時
愛する時、憎む時　戦いの時、平和の時

コヘレトの言葉　3章1〜8節

大切な人との別れを受け止め、不測の事態を経験するたびに、胸に刻んできた言葉です。

校長になった初年度、西日本豪雨災害が起こり、そのあとはコロナ禍。緊張と決断の日々を過ごした5年間でした。

豪雨の被害はひどく広範囲で、交通機関が遮断され、登校できない生徒たちが多くいました。生徒の8割が利用する電車の線路が寸断されたのは、40年の勤務ではじめてのことでした。2学期の始業式を遅らせることを決め、ただただ生徒やそのご家族の無事を祈りつつ必死で対処し続けました。

印象的だったのは、職員会議で「期末テストは中止。なによりも命が大事」と全員一致で確認できたことです。

私はトップダウンのリーダーではありません。さまざまな意見を出し合い、納得するまで話し合って物事を進めたいタイプです。すると当然、時間も職員への負担も多くなります。リーダーがスパッと決断し、皆を率いていくべきだという声が届くこともありました。

しかし、最終的な責任は校長である私が取るにしても、皆で納得しともに学校運営をしたい。悩みながらも、そう思い進んできた中で皆の気持ちがひとつになり、なによりも生徒の安全を守るという思いを確認できたのは印象深いことでした。

物足りないリーダーだからこそ皆が自分で考え、知恵を出し合い、能力を発揮する場が生まれているのかもしれない。反省を交えつつ、そう思うこともあります。

遅れて行った始業式。全校生徒が校歌を講堂いっぱいに響かせたとき、涙がこみあげてきたのを覚えています。

それでも、最終決断を下す立場として、自分自身の軸はしっかりもちたいと思い続けてきました。

なにを基準に判断してきたか、その時々ではっきり意識できていたわけではありません。しかし今振り返ってみると、校長として大事にしてきた軸は、「命が大切」「仲間の力、生徒の力を信じる」「誰かに見守られているからなんとかなると思う」ということでした。

コロナ禍では、それまで当たり前だったことが当たり前にできなくなり、生徒にも職員にも無理をお願いすることばかりでした。誰もが同じように息苦しさやしんどさを抱え、世界中を襲った異常事態に適応するために必死で耐えた3年余りだったと思います。

中止せざるを得ない行事や習慣もありましたが、工夫しながらできたこともありました。

音楽の授業では、合唱するために１２００名収容の講堂を45名の１クラスで使い、また沖縄で実施していた修学旅行をもう少し近場の鹿児島に変え、実施の道を探りました。

沖縄での平和学習を鹿児島の知覧《ちらん》特攻平和会館で行い、平和の大切さを教える伝統をつなげたのは、どんなときも道は備わっていると感じたことのひとつです。

そんな中、自分たちも制限の多い日常で極度のストレスを抱えながら、職員の立場を気遣ってくれる生徒たちの優しさに、「あなたたちのほうがどれだけ大変か」と涙が出る思いでした。

厳しい状況で、ただ最善を尽くし「できたこと」を喜び合う。そういった姿勢を学べたように思います。

ふと、校長職への依頼を避け続けながらも、時が経ち、前校長から「できるよ」と声をかけていただき、この職についた当時を思い出します。

恩師の退職後、私がこのような不測の事態に対処するというミッションが与えられたのかなとも感じます。天からのお告げに「仰せのごとくわれになれかし」と答えた聖母マリアの心境が、多少理解できたようにも思う日々です。

人生には、うれしく喜ばしいこともつらく悲しいことも、また、予想すらしなかった事態も起こります。すべて「定められたとき」があり、そのタイミングを自分で選ぶことはできません。

しかし、その「変えられないこと」を受け入れ、そこから最良の道をみつけ、変えられることを変えていくことはできます。

今をありのままに受け入れ、無理なく可能性を広げていくために最善を尽くす。

大切な人と生きる時間をいつくしみながら、変えられることを変える少しの勇気をもつ。

時には逃げられる人になる道もある。

天から与えられた今日という1日。

あなたが喜びや希望とともにそうやって歩いていけるよう、心から祈ります。

おわりに

最後までお読みいただき、ありがとうございます。

多くの方に支えられながら、なんとかここまで歩んでくることができました。その感謝と恩返しの気持ちを込めて、私の経験が少しでもお役に立てばと綴ってきました。

女性の人生には、結婚や出産、育児、介護など、さまざまな要素が影響を与えます。年齢によって、解決すべき問題も大切にするべきことも変わる中で、私たちは自分自身の体の変化とも向き合いながら、生きていかなければなりません。

これまで女子校の出身者、そして校長としてたくさんの女性と接してきましたが、誰ひとり例外なく、そのような自分に与えられた人生を懸命に生きていました。だからこそ、1人ひとりの人生に、その方だけの鮮やかな彩りが生まれるのだと思います。

読者の皆様がより彩り豊かな日々を生きられるよう、最後に応援の意味を込めて、年代ごとにメッセージをお贈りします。

10～20代のあなたへ

悩み多き思春期ではありますが、時代とともに女性の可能性も拡がってきています。どうぞ自分の体と心と向きあって、これから彩り豊かな人生が開けていくという希望をもってください。

この経験が、将来どんな花や実りにつながるのだろうという期待を抱きながら、日々を過ごしましょう。若い世代ならではの感性は、本当にかけがえのないものです。もし「こんなふうになりたい」と思うロールモデルをみつけたら、年齢の枠を越えて交流することをおすすめします。

30～40代のあなたへ

30代を過ぎると、体の衰えを大なり小なり感じるかもしれません。しかし、それは人生の成熟期の訪れでもあります。内面の豊かさにも目を向けられるよう、今の自分をどうぞ大切に受け止め、現実と夢の間を行き来しながら、物事の本質を追究していってほしいと思います。

この頃出会った人たちとは、結構長く「支え合い（愛）」ができることもあります。新たな出会いも楽しみましょう。

50代以降のあなたへ

私も、この世代の真っ只中です。老化も進む頃。しかし、体の衰えを目の当たりにするからこそ、日常の大切さが輝いてみえたり、人間という存在の素晴らしさに改めて気づいたりできるのだとも思います。更年期という身体的な節目の中で、できる限り素敵に年を重ねたいと思う今日この頃です。

これまで生かされてきたことへの感謝を忘れず、その気持ちを言葉で表す機会をもち、また、自分も他者も大切にできる。そんな生き方を目指したいですね。70代以上の皆様に教えを請い、同時に、若者世代に刺激を受けながら、1日1日を大切に生きてまいりましょう。

今、私の希望は、70代を越えてエネルギッシュに活躍されている先輩方です。海外旅行に出かける方、平和活動に打ち込む方、新たな趣味を広げていく方……。いきいきとした女性たちの姿を拝見すると、今を精一杯生きていきたいと感じます。

この世でのミッションが終わるまで、限りある命を輝かせながら心豊かに生きるために、この本がお役に立てたとしたら幸いです。

最後にこの場をお借りして、日頃よりお世話になっている、広島県私学や全国のカトリック学校関係、修道会や姉妹校、諸先輩、同僚、卒業生、各業者や地域の皆様、なにより目の前の生徒たちや保護者の皆様、そして家族に感謝の気持ちでいっぱいです。ありがとうございました。

感謝と祈りのうちに

神垣しおり

神垣しおり（かみがき・しおり）

ノートルダム清心中・高等学校校長
NGOサラーム（パレスチナの女性を支援する会）代表
広島県出身。ノートルダム清心中・高等学校卒業後、広島大学教育学部在学中に、香港大学人文学部留学を経験し、国際協力・支援も志す。広島市立中学校教員（臨時採用）を経て、1983年よりノートルダム清心中・高等学校社会科教員として勤務。仏教大学通信制により、宗教科の免許取得後、2004年より宗教科も担当。渡航した友人の後方支援としてNGOを立ち上げ、約30年間、パレスチナの女性が刺繍した製品販売を支援する活動にかかわる。

逃げられる人になりなさい

2023年10月29日　第１刷発行

著 者　　神垣しおり

発行者　　大山邦興
発行所　　株式会社 飛鳥新社
〒 101-0003
東京都千代田区一ツ橋 2-4-3 光文恒産ビル
電話　03-3263-7770（営業）　03-3263-7773（編集）
https://www.asukashinsha.co.jp

編集協力　　江藤ちふみ
ブックデザイン　　別府　拓（Q.design）
イラスト　　252%
校正　　矢島規男

印刷・製本　　中央精版印刷株式会社

ISBN978-4-86410-966-6

編集担当　松本みなみ